あぁ、だから一人はいやなんだ。3

いとうあさこ

幻冬舎文庫

あぁ、だから一人はいやなんだ。3

もくじ

カーン4

挿画　丹下京子

泳ぐ

私の人生を振り返るとなんだかとても泳いでいる気がします。幼少期のビニールプールでパチャパチャから始まりまして。祖父母の家があった神奈川県大磯や、親戚一同でアパート一部屋を共有していた千葉県太海(ふとみ)での〝泳ぎ倒す夏〟も。

大磯の家はとても広く、庭にプールがありまして。そのプールサイドに祖父が腰掛けて、庭に生えている葡萄をプールに投げると、一斉にいとこ達が潜って葡萄を探す。おじいちゃん大好きっ子だった私はなんとか葡萄を手にして「あーさん、すごいな」と言って欲しい一心で一生懸命潜ったのを覚えています。私の潜水能力はここで培われたと言っても過言ではありません。

そして太海は波も荒く岩場だらけ。最初は〝プール〟と呼んでいた磯だまりで遊んでおりましたが、少し大きくなってくるといとこの兄ちゃん達が岩の外へ連れて行ってくれる。潜った途端にウツボと〝こんにちは〟した事もあるし、潮の流れなのかなあ。いくら水をかいても全然動かず。その名の通り〝助け船〟が出た事もありました。なのでただ海が大好きなだけじゃなくて、ちゃんと〝海の怖さ〟も知っているのはよい事だなと思っちょります。

ちゃんと泳ぎを習ったのは小一か小二の頃。近所のスイミングスクールへ2年ほど通いました。これが超がつく〝スパルタ〟。縦にも横にも大きなボディの女の先生でとにかく厳しい。プールの縁につかまりバタ足の練習をしていると「もっと強く!」とそのつかまっている手をビーサン履いた足でギューッと踏んでくる。ビート板につかまって泳ごうものなら「まだまだ!」と背中を大きな手でビターンとぶたれる。濡れているので余計に痛い。時代が時代なら大問題ですが、そんなド・スパルタ訓練のおかげか、泳ぎは得意な方になりました。

30歳の時の電波少年無人島生活ではその泳ぎが大活躍。がっつり海で泳げるメンバーがいなかったのもあり、嵐の日以外はほぼ毎日海に入って何かしら〝食料〟を調達していました。もちろん水中メガネなんてないので最初は細目から。次第に極度の空腹が人間の能力を研ぎ澄まし、だんだん海の中で普通に目が開くようになりまして。生きようとする人間の凄さよ。そして昼間はもちろんの事、夜も。特に満月前後の夜。他に光がないから、その月の光の線に沿って魚たちが集まる。私はいったん沖まで泳いで、バタフライの要領で一気に魚を岸に追い込んでいく。そしてそのままその魚たちを私のわがままボディで岸に押し上げる。私と魚が一緒に浜に打ち上げられた、そんな感じです。その捕れた魚は刃物もないから指で開きにし、火をおこして焼いて食べる。もちろん最後、骨も焼いてすべて食す。ああ、野生。

ドラマ「あまちゃん」が流行った頃はいろんな番組であの♪チャラッチャヤッチャヤッチャヤッチャヤチャラチャチャヤの曲と共に日本各地の海に潜りました。伊勢エビ、アワビ、ウニなどなど。本物の海女さんに教わる事もあり、ずいぶん素潜りのスキルも上げていただきました。

そんなこんなでいろんな形で泳いでまいりましたわたくしが、生まれて初めて遠泳にチャレンジしてまいりました。先日オンエアの「イッテQ！」女芸人遠泳部です。遠泳はあのウリナリのドーバー海峡横断部をガッツリ見ていた世代。本当にしんどいイメージが強い。しかもあの頃の皆様はお若いですが私は来年50歳ですから……ってただね。年齢は言い訳にならないんです。だって最近「イッテQ！」遠泳部で内村さんを始め、皆さん泳がれていますから。もう〝ガンバルンバ〟のみ。

遠泳は泳ぎ方が全然違う。息継ぎも一回おき。右なら毎回右でする。なんだか逆に苦しい気がしておりましたが、あら不思議。長年の泳ぎ方を直すのは至難の業でしたが、慣れてくると楽に泳げるようになってきて。普通にクロールで50メートル泳ぐと息が上がってしまったのですが、遠泳の泳ぎ方、息継ぎの仕方が出来てくると10分泳いでも苦しさゼロ。もしかしたら永遠に泳げるんじゃないか？　そんな錯覚に陥るほど楽に泳げたんです。

でもね、当たり前だのクラッカー。そんなに甘くはありませんでした。実際のベトナムの海はとにかく濁り、視界が全然ない。暗い海はただただ怖く、並走の船から誰かが見守ってくれているのだけを心の支えに、海への恐怖を胸に閉じ込めておりました。そしてあんな〝永遠に泳げるんじゃないか〟と思っていた泳ぎも、確かに息は全然上がらず。30分泳いでも平気でした。ですがそこはやっぱりアラフィフボディ。息継ぎをしない左側の腕の付け根に負担がかかっているようで痛み&熱が。水から上がる度に氷で冷やす。視界がない分、大きなクラゲが急に目の前に飛び出してくる事もしばしばで、その度に大パニック。波が高い時には息継ぎの時に口から水が入り、うまく呼吸が出来なくなったり。更には潮の流れにずっと逆らっていたので、どんなにかいても本当に進んでいるのかわからなかったり。そんな状態で朝からずっと泳いできたので精神状態がギリギリだったのかな。夕方、事前にリクエストした〝自分への応援ソング〟をかけてくれまして。私は渡辺美里さんの「My Revolution」。イントロかかっただけでなんだか泣けてきてしまった。水の中にいても涙って、流れるもんなんですね。

そんなこんなで女芸人5人で紡いだ今回の遠泳部。ベトナム・ダウベー島からカットバー島までの10㎞。実際泳いだのは9時間16分、7512m。残念ながら、本当に残念ながらゴールは出来ませんでしたが、ものすごい連帯感とそして、やっぱり海好きだなぁ、な気持ちを感じられた貴重な体験となりました。ホントにホントにありがとうございました。

あ、泳いでいる時はそこまで気づかなかったですが、ゴールの夜、大好きなビールの瓶が持てない事で相当疲れている事に気づいた、と言う事も書き添えておきますね。

〈今日の乾杯〉ベトナムでのビールのお供。とうもろこしに衣をつけて揚げたもの。塩味薄め。コーンの甘さと衣のカリカリはもう無限。もちろんビールも無限。

ミネラル

今年も年に一度のババアの悪ふざけ、単独ライブが終わりました。タイトルはいとうあさこお誕生日会「ミネラル〜涙の数だけ塩を舐めるよ〜」。40歳の誕生日から始めたこのライブはおかげさまでいつの間にやら10回目。とうとう40代ラストです。そんな記念すべき今年の会場は初めての四谷区民ホール。ジャーマネが会場をいろいろ探してくれた候補のうちの一つ。それがねぇ。なんだかビビビと来たんですよねぇ。

まず町がいい。この〝四谷〟はわたくしが小中高12年間通った町。そして大ファンのマッチさんがラジオをやっている文化放送も当時四谷で「偶然会えないか？」と言うかすかな希望を胸にずいぶん局の前をウロウロした町。学校帰り、大好きなたい焼き屋さんにこっそり寄り道して、たい焼き2〜3個食べた上に帰宅後おやつと晩ご飯を平らげ、なかなか丸みのあるボディを作り上げた町。そんな思い出深き四谷。

更には下見に行った時に「絶対ここでやりたい」と思った理由が。それは〝モスバーガー〟。なんとホールの入り口のすぐ横にモスバーガーがあるんです。実は私、モスバーガーにはずっと思いがありまして。あれは小学校高学年か中学にあがったくらいだったでしょうか。地元に初めてモスバーガーが出来まして。それまでハンバーガー屋さんはたくさんありましたが、モスのように〝ちょっと時間はかかるけど、野菜たっぷり、ソースたっぷり、具だくさんのスープもあるよ〟スタイルのお店は初めて。家のポストに入っていたメニュー見て大興奮です。開店初日、家族全員の注文を取っていざモスへ。するとすでに大行列。やっと自分の番で注文するも、とにかくすごい量の注文を順番に作っていくわけですから時間はかかります。でもガラスの向こうで作っているのを見られたのも新鮮でずっとウキウキワクワク。1時間くらいかかってようやく手にしたモス。小走りで家に帰り、ソースをこぼしながらモスチーズバーガーにかぶりついた事は忘れられません。

その〝モスの特別感〟の名残なのかもしれませんが、今までずっと〝モスのある町〟に引っ越しをしてきたんです。なのに運命のいたずらか引っ越す直前になくなってしまったり、地図が古いのか実際に行くとそこになかったり。結局〝モスのある町〟に住めてなかったんです。そんな憧れのモスがホールの入り口のすぐ横に。そんなチャンスを逃すわけにはいきません。もちろんホールの雰囲気もとても良いし、楽屋の窓の真っ正面にそびえ立つ建築中の国立競技場も素敵で。こうして今年の会場は決まりました。

そんな会場で行われた今回のライブはあの光GENJI「ガラスの十代」のアレンジ「ガラスの四十代」からスタート。衣装の麻里ちゃんに〝あの頃〟のような衣装を作ってもらいましで、歌いながら出てくるのですが、やはり光GENJIと言えばローラースケート。そもそもどこに売っているのか？　携帯で調べてみるとムラサキスポーツのとある店舗に置いてある事がわかり、早速お電話。すると東京ドームローラースケートアリーナと言うローラースケート場に専門ショップがある、と教えていただきまして。これまた早速レッツラゴー。

ただ正直、今のローラースケート事情がまったくわからず。何せ「ガラスの十代」は1987年。元々自分の靴にガチャッとはめるタイプのローラースケートしか知らなかった私がうっとり観ていたあのブーツ付きのシューズ、そんな当時の最先端が今32年経ってどうなっているのか。そしてお店の人にあの靴を説明して伝わるのか。不安いっぱいでショップへ向かうと若くて爽やかな青年が受付に。「あのぉ、ローラースケート欲しいんですけどぉ。」不審なおばさんが急に買いに来たのに、笑顔で「こちらです」と売り場へ。私が「えっと、お兄さんはご存じないかもですが、昔光GENJIという……」と最後まで話す前に「ああ、でしたらこのタイプですね」と前がマジックテープになっているタイプの靴を紹介してくれて。「え？　お兄さん、光GENJIわかるんですか？」と聞くと「うち、佐藤アツヒロさんの当時の靴飾ってあるんですよ。あそこに。」ええ!?　どうやらそのお兄さんはローラースケートの選手で、ローラースケートの歴史を語る上で光GENJIはマストな存在のよう。さすがだぜ、光GENJI。

そんなこんなでめちゃくちゃ親身になって相談に乗っていただきまして。もちろんずいぶん進化はしておりますが当時と同じ型のものを注文。後日、靴が届いたとの事で取りに参りましたところ、平日昼間でちょうどリンクが空いていたのでちょっと滑って行く事に。立つのもやっとな49歳に巡回のローラーお兄さん方が「こうやると滑りやすいですよ」「止まる時は出来るだけ前へ」などミニ指導までして下さいまして。おかげさまで本番はだいぶヨロヨロではありましたが、なんとか登場は転ばずに乗り切る事が出来ました。その後〝私の中の壊れそうなもの〟ばかり7つほど集めて発表したんですが、その最初が〝骨〟でしたから。オープニングで転んで、その〝骨〟いわしちゃったらえらい事でしたからね。

こうして始まったライブは、他に「学割もシニア割引もない中年にも権利を」と声をあげた〝中年の主張〟や、〝その辺に生えている花の蜜を吸う〟〝「ひろし」と言いながら手にはめた手袋を口で取る〟などの素晴らしき〝昭和〟を忘れないでと訴えたり。最後は名曲「喝采」を歌いながら客席を練り歩き、せっかくだからと2階席にも階段で駆け上がりご挨拶だけさせていただき1階に戻った結果、もう喋れなかったりと、今年もいろいろありました。そんな私を直接、または心で見守ってくださった皆々様に感謝しまくりながら、49歳の1年もまたまたふんばります。楽しき1年にしてやろう。あ、本番当日モスバーガーで、モスチーズとナゲットとクラムチャウダーを買ったのもご報告まで。うふふ。

〈今日の乾杯〉単独終わった翌日、大久保さんが大好きな焼き鳥屋さんでご馳走してくれまして。最初に出てきた焼きシイタケ。大根おろしと、さりげなく散らしてあるゆずの皮の香りで旨味爆発。アンドよく冷えた白ワインを。疲れ切った体に本当に染みました。

指紋

今日はちょっとだけ痛いお話をさせてください。2週間前くらいですかねぇ。右手の人差し指の腹、いわゆる指紋をとるところ。そこをガッツリ切りまして。ま、ガッツリと言っても患部は1センチに満たないくらいなのですが、〝紙でスッと切った〟的な感じではなく、〝V型の彫刻刀でざっくり〟みたいな傷。

ただね、何が怖いって〝いつ切ったのかわからない〟という事。小さい傷ながらにそれだけちゃんと切っているなら人間「痛い！」ってなると思うんですよね。その〝ファースト痛い〟の記憶がまったくないんです。〝気づいたら痛い〟だったんです。確かにここ数年、脳とボディの連携が悪い。イントロクイズでも曲はわかったのにボタン押すのが遅くて「わかってたのにぃ！　ぐやじぃ！」なんて事も多々ある。そんな感じで実際指切った時は気づけず、ゆっくり時間をかけて指先から「痛いですよぉ。実は指、痛いんですよぉ。」の信号が脳に送られて。気づいた時には〝めっちゃ〟痛かった、って事かいな。うーん。

傷口を触ってみると傷に沿って、真一文字になんか硬い。「太いトゲでも刺さっているのかな？」と思い、爪で傷口を押してみるけどただただ透明の液が出てくるだけ。でも押すとチクチクする。こういう時のあさこちゃんは〝冒険家〟になっちゃうんですよね。安全ピンで奥にトゲがないか、ほじくり返すという。なんなんだ、このいらない勇気。結果は、何も出て来ず。ただ出血。ああ、やっちまった。あまりに痛く、そして硬さも消えず。常に気になっていじっちゃうので、遅いのは承知で2日後、キズパワーパッドを貼ってみる。治れ、指。

となると別問題が浮上。〝指紋〟です。だって指紋のど真ん中を傷つけたんです。深めに。指紋、変わっちゃったのでは？　実は指紋認証にお世話になっているものがいくつかありまして。まず携帯電話のロック解除。その話を文化放送・砂山圭大郎アナにしたところ「え？人差し指で指紋認証？」と驚かれた。聞くと圭大郎アナのiPhoneは画面前面の下にあるボタンを親指で触る方法らしい。いやいやいやいや。私のAndroidは携帯を持った時、ちょうど人差し指が当たる裏面上部の真ん中に触るところがあるんです。〝常識、人それぞれ〟を知る。同じくパソコンも人差し指でのロック解除。そしてパスポートも。海外ロケでの出入国手続きの際の自動化ゲートを指紋で登録しておりまして。これは事前登録が必要なのでひと手間いりますが、一度登録してしまえば出入国の時、パスポートと両手の人差し指の指紋のみでゲートを通れて便利。〝ゲイノウジン〟らしく帽子、マスクをしたままでも行けるわけです。ただ近年新しく〝顔認証ゲート〟なるものが出来まして。こちらは手続きいらずで便利ですが、顔を認証しなきゃいけないわけで。帽子、マスクなど外して顔を丸出しにするのはちょっとめんどくさい。そんなわけで最近、指紋認証の方は〝旧〟自動化ゲートなんて呼び方もされていますが、私はそちらで行きたいんですよねぇ。

この不安をラジオで話すとリスナーさんからも情報が。「凶悪犯の人が指紋変えようと指を切ったりするけど変わらないらしいですよ」「指紋は一人一人違うから大丈夫。だから犯罪者の人は手袋するんですって」なるほど。指紋情報ってなると犯罪方面のお話多め。何はともあれ指紋はよっぽど大けがでない限り元通りになるとの事。

ただわたくし、その〝よっぽどの大けが〟で左手の小指の指紋、変わっているんです。あれはまだ20代後半だったかなぁ。バイト先でまかないのお味噌汁を作る当番で。確かゴボウか何か、固めのお野菜を切っていた時のこと。包丁でうっかり左手の小指の先を3～4ミリがっつり切り落としてしまいまして。もう大出血。するとその時一緒に働いていた先輩おじいさんが「そういう時はタバコの中身の葉っぱを水で練って貼り付けるといい」と。えっと、もしかしたら昭和の最初にそういう治療法もあった……のかな？　でも大流血のあさこは落ち着いて言いました。「病院行かせてください。」結局その切り落とした指先で傷口を蓋するように押さえ、近くの病院へ。オフィス街のお昼休み時だったので大混雑の病院でしたが、左手血まみれの私を見て、必然救急扱いで奥の診察室へ。とりあえずその切り落とした指先を持って行ったのはよかったようで、そのまま太いセロテープのようなものでグルグル巻きに。人間って凄いです。相当時間はかかりましたが、ちゃんと指先が自分でくっつこうとし始めます。ただ噴き出す流血の中、セロテープでくっつけたもんだから指の向き、やっぱりちょっとずれちゃっておりまして。更には元に戻ろうと体も頑張ったのか少し指先も盛り上がっていて。結果、指紋もずれて、長さも前より伸びると言う、ずいぶん装い新たな〝新生小指〟と相成りました。

そんなこんなでちょっぴり不安な毎日を過ごしておりましたが、指を切って2週間。まだへこんではおりますが少し薄皮が張りだしまして。よーく見ると傷の周りの指紋たちと繋がろうとうっすい指紋が形成され始めている。すごい。すごいよ、人間。ただまだ皮膚の硬い所も残っているし、傷の一番深かった付近はまだNO指紋でツルッとしている。絆創膏もとれて、携帯&パソコンはロック解除出来る事は確認済み。パチパチパチ。あと未確認なのはパスポート。指紋認証にレベルがあるかわかりませんが、国を出る時の指紋認証はより精密な感じがして、若干ドキドキ。次回の異国ロケで確認しましょ。

となるとやっぱり考えなきゃいけないのは〝何故こんな怪我をしたのかわからない〟という事。こっちの方が大問題かもしれません。

〈今日の乾杯〉鶏シュウマイ。よくある「お肉、甘い！」なんて食レポを自然にしちゃうほど、鶏の甘み旨みがすごい。まわりの皮のペロッと感、お皿に添えた辛子の絶妙な量。すべて最高。あっさりした冷酒を合わせて、なんと贅沢な時間。

HEY！ ポール！

２００８年に旗揚げしました我が劇団・山田ジャパン。おかげさまでの10周年。昨年からやってまいりました10周年記念三連打公演の第三弾。そうです、ラストとなります「HEY！ ポール！」。まだまだ雨の続く7月終わり、草月ホールにて上演させていただきました。

この「HEY！ ポール！」は再演でして。初演は6年前の２０１３年6月シアターサンモール。お客様の反応が明らかに今までと違った。「なんか山田ジャパンって面白い劇団があるぜ！」「次の山田ジャパンも絶対観よう！」〝山田ジャパン〟の広がり、そしてこれからを実感したとても大事な作品の一つです。

物語はとある雑居ビルにある「東京センターポール」と言うポールダンスが観られるカフェバー。傷を抱えた常連客たちが、ある日ふとしたきっかけからそれぞれの傷をさらす事に。常連客の一人である平汰はそれをかわそうと……。パンフレットに書いてあるのはこんな感じ。そんなあらすじになぞらえて、私もいろいろさらしてみましょうか。では発表。公演中の〝傷エピソード〟三連打。

まず本当の意味での傷。今回わたくしの役は〝おばさんポールダンサー・その子〟。初演の時と同じ役です。6年前、43歳でもなかなかキツかったポールダンスを、49歳、やらせていただきましたよ。ちゃんとわがままボディ丸出しの衣装で。うふふ。あ、ポールダンスって露出多めな衣装ですよね。あれはセクシーさもあるのですが、皮膚でポールをひっかけてぶら下がったりするので肌を出していないとダメなのです。腕力、体幹も鍛えなくてはなりませんが、あとはその皮膚がつれる痛みに耐える我慢強さも大事。そんなわけで全身アザだらけ。数えてみたら大小合わせて74個。〝あさこギネス〟更新の新記録。ただそれだけアザを見ていたら私、気づいたんです。〝格好いい〟アザと〝格好悪い〟アザがあるという事を。今まで普通だな、と思っていた紫色の大きな丸タイプのアザはなんとねぇ。〝格好いい〟んですよ。見てられる。逆に〝格好悪い〟のは、小さな丸が水玉模様みたいに10〜15個くらい集まって出来たアザ。中高時代、天文班に所属していたから「ああ、このアザ、バラ星雲に似てるわね」くらい言ってみたいものですが、とにかく格好悪く、なんか汚い。ホントにどうしたらこんなアザが出来るかわからないのですが、二の腕の内側や内腿などの柔らかい所や、何故かおへそ周りにもたくさんある。ただその無数のアザたちも公演が終わって一日一日薄くなって消えてゆく。まるで満天の星たちが少しずつ消えてゆき、新しい朝が始まるような……あ、また天文班出ちゃった。イヒヒ。

お次は私ではなく劇団員2人の傷（？）。とある稽古日。本番も近づいてきて、疲れも溜まってたんでしょうね。珍しく肉を食べたくなりまして。その稽古場の近くにファストフード的なステーキ屋さんを発見。休憩時間に私と同じく初期メンバーの羽鳥由記嬢、元宝塚で何故かうちの劇団に入ってきた長江愛実の3人で行く事に。その道中の会話です。

い「サウスタワー（稽古場の名前）って言うくらいなら、ノースタワーもあるのかな？」

長「どうだろう？　ここって新宿の西ですか？」

い「えっと、方角はわからないけど。いわゆる西新宿はあっち（逆方向）だよ。」

羽「あ、新宿の西だからサウスタワーじゃないかと？」

長「そうそう。」

ん？　なんか聞き間違いかな？

い「えっと……サウスは、南、だけどね。」

羽・長「……え!?」

い「西はウェスト。」

長「えー!?　聞いたことない!!」

い「〝西〟部劇でウェスタン、とかさ。ほら。関〝西〟だからジャニーズWEST、とかさ。」

羽・長「ほえー。そうなんだー。」

いやいやいやいや。その場にいる3人中2人が〝サウス＝西〟ってなかなかじゃない？

うーん。山田ジャパンは……最高の、コメディ集団、です。はい。

最後は傷、というか、恥ずかしかった事。誰かが頑張っている姿とか、人の幸せな笑顔とか、空が青いとか。なんだかんだで泣いている姿がテレビにうっかり映ってしまう事が多い私ですが、舞台のカーテンコールで泣くのがイヤ。舞台を観に来てくださったお客さまからしたら、私なんぞの涙だの感情だのは関係ないじゃないですか。その方の見終わった時の感情の邪魔をしたくない。しかも最後、私が挨拶をするので泣いてしまったら話せない。などなど、とにかく終わりは笑顔でいたいのだ。千秋楽。最後という事で、ゲストの皆さんを紹介し、ちょっとお話をしたり、物販の紹介をさせていただいたり。ここまではよかった。でも感情は急にやってくる。それは私がこう叫んだ時。「最後にこの山田ジャパンを作った、この会場のどこかにいるであろう山田能龍にも大きな拍手をお願いいたします！」会場は割れんばかりの拍手。

ああ、こんな凄い拍手をいただけるようになったんだなぁ。以前もお話しましたが、元々能龍さんとは芸人仲間として出会い。私の「舞台やりたい！」と能龍さんの「劇団作る！」が嘘みたいに同じタイミングでつながり。「一緒にやっていこう」の握手から10年。1回1

回の公演でだっていろいろあるんですから、そりゃあ10年の歴史振り返ったら数え切れないほどの出来事があったわけで。だから〝山田能龍〟って言った瞬間、グワッとこみ上げてくるものがありました。でもそんな10年の締めくくりだからこそ泣かずにしっかり挨拶せねば。めっちゃくちゃ我慢して踏ん張って叫びました。

「ありがとうございました！」

記事になっていた能龍さんのインタビューの言葉。「結成の時に新宿の安居酒屋で『どうせいつかバラバラになったとしても、今日みんなで握手したことは覚えておこうな』と話したことを覚えています。」私も覚えています。忘れない。あの時の気持ちを胸にまだまだ進む山田ジャパンをこれからもよろしくお願いいたします。あ、結局打ち上げでワンワン泣いたのは内緒で。

〈今日の乾杯〉舞台が全て終わった後、疲れすぎて何も喉を通らず。でもほんの少しでよいのでリセットしたい。そんな時、前にロケ先で買ったウニをお気に入りの小皿にとって。日本酒ロックを1杯だけゆっくり呑む。リセット終了。よい時間。

発表会

人生で何回発表会を経験してきただろう。ちっちゃい頃からやっていたピアノの、年に一回の発表会。中一の時の文化祭にて、所属していた天文班の展示でよくわかっていない〝相対性理論〟を来場者に説明したのもある意味発表会か。もちろん毎年やっている単独ライブなんかもそうかもしれない。

私は小さい頃から緊張しぃで、本番前になると超ガッチガチになるタイプ。漫画みたいに手がガタガタ震えてしまう。それを人に相談すると「緊張してないって顔していれば大丈夫になってくるから！」やってみる。でもね、顔でどれだけ平然としても、結局緊張している心に嘘ついているわけですから。まさかの余計に震えてしまうという。じゃあ逆に「緊張するぅー！」と口に出してみる。それはそれで口に出した分、緊張しているところに〝緊張の自己暗示〟が足されて更なる緊張に。もうにっちもさっちもです。

そんな私でも〝NOガタガタ〟でやれた事が数回だけですがありまして。印象的だったのが2015年の単独ライブの日。単独ライブは基本、舞台に出ちゃえば大丈夫なのですが、始まるまでがかなりの緊張。例えば今年のライブは最初が光GENJI「ガラスの十代」だったので、ローラースケート履いた状態で緞帳の閉まった舞台の上を右へ左へシャーシャー滑ったものです。それが２０１５年はリハを終え、緊張タイムに突入するぜ！　な時に一報が。森三中・大島ちゃんの赤ちゃんが生まれた、と。もうなんだか涙が止まらなくてね。嬉しいやら感動やらでジャージャー涙が流れた。そこで何かが洗い流されたのかもしれない。そのまま〝ＮＯガタガタ〟で幕が開いたのです。確かその年は30年前のあさこが２０１５年にタイムスリップしてきた、というオープニング。大好きな「バック・トゥ・ザ・フューチャーＰＡＲＴ２」が30年後にタイムトラベルするお話で。それがちょうど２０１５年だったから。台車に段ボール貼りつけて作ったデロリアンで登場しました。ああ、懐かしい。

そんな経験が再び。それは先日オンエアになりました「世界の果てまでイッテＱ！」での女芸人一芸合宿。第９弾の今回は〝ディアボロ〟と言う中国ゴマの挑戦。お椀を２つ、高台同士くっつけて、その真ん中に２本のスティックの付いたヒモを通して擦って回転させる感じ。で、わかります？　まあ、そのディアボロ挑戦でした。

今までもシンフロ（シンクロをお風呂でやる）から始まって、マリンバ、集団行動、ヲタ芸、ファンカッション、お琴などなど。どれをとっても本当に大変で。女芸人12人、若くはないメンバーがほとんどなので、体はバッキバキ。しかも自分で言うのもなんなんですが、結構うちら、真面目に練習しちゃうんですよ。だからいつもホントにヘロヘロ。

そして今回も寸分違わずちゃんとヘロヘロになりました。ヲタ芸などのようにわかりやすく〝体、動かしてます〟感はないですが、ずーーーっとコマの中心一点を見つめ、傾いたらすぐ調整して回し続けるキツさ。意外に重いコマの回転が弱まらないように回しながらの微調整が延々と。そしてずっと立ち続けた状態ですから。腕も足もダメージくらいまくりです。しかも集中してコマを見続けるので目から脳に、そして脳から全身に〝ぐったくた情報〟が流れ、練習場にはヘロヘロおばさん大量出現、となるわけです。

でもそんな私たちの救いはホテルの温泉と美味しいご飯。滝に打たれたごとく汗をかきまくった私は練習終了後、すぐに汗を流し。温泉に浸かって皆でおしゃべりしたり笑ったりして心身共にほぐす。そしてお食事も合宿場所が宮城でしたので、そりゃあ美味しいもの満載ですよ。それをバイキングスタイルで好きなだけ食す。穀類ばっかり取ってくるヤツや、食べきれない程の量を持ってきてすぐに完食し、おかわりに行くヤツ。1つのモノにハマってそればっかり食べるヤツなどなど。美味し楽し。そして何より先生方の多大なるご尽力。子供の指導もなさる先生方だそうで、うちらの事も優しく、そして根気強く教えてくださいました。

皆で引いたおみくじが11人もいるのに大吉ゼロだったり。神社にお参りに行ったら202段の石段があって、上りきった途端に腸が動いて刺激されたのかお腹壊したり。お願いしておいた宴会のタンス（大川栄策さんの秘技「タンス担ぎ」をしたくて）が想像の何十倍も重かったり。もちろんバービーの怪我も含めいろいろありましたが、とにかく一致団結して皆、ふんばりました。

そして発表会当日、本番の日。朝は緊張していました。スタジオで合宿のＶＴＲ観て、衣装に着替える時も緊張していました。でもいざ披露の瞬間、緊張は消え、ただただ静かに、でも強い力がみなぎった感じがありまして。バービー、ムーさんが見守ってくれていたのも大きいかな。そして練習中、成功する度に先生が「よっしゃー!!」「すごい!!」「素晴らしい!!」と言い続けてくださった声が思い出されて。

あの集中は自分でも凄かった。おかげさまで大成功。ソロパートの最後のハイトスを「練習していた体育館よりスタジオの方が天井がだいぶ高いから、ついそれに合わせていつもより高く上げ過ぎちゃいがち。けどそうなると失敗する可能性がかなり高くなるので、いつも通りに。気をつけてね。」と先生に注意されていたのに、つい今まで見たことない位、上に吊してある照明の上まで投げてしまい。でもなんとかキャッチも成功。とにもかくにも、うん、よかった。

終了後、使っていたディアボロをいただいた。期間中、ホントに家でもどこでもディアボロ回してたからかな。先日薄ら記憶はあるのですが、どうやら酔っ払って部屋でディアボロを引っ張り出してきて回したようで。朝起きたら、部屋の端っこにそっと置いてありました。ディアボロ、いっぱい回ってくれて、ありがとう。

〈今日の乾杯〉栃尾の油揚げ。私は一体いつこの美味しいものを知ったのでしょうか？ 多分、ここ10年以内。どこかのお店で初めて出会ってから、あるとついつい頼んじゃう。しかもネギ、ミョウガなど、これまた大好きな薬味たちもたっぷり。最高の一口。

42・195㎞〈前編〉

今年の「24時間テレビ42 人と人〜ともに新たな時代へ〜」。今回私はハリセンボン春菜、ガンバレルーヤよしこ、水卜麻美アナと4人で〝24時間駅伝〟に参加させていただきました。始まりは6月の単独終わってすぐの頃。「イッテQ!」の打ち合わせと言われ、テレビ局内の会議室へ行きまして。一人待っていると突然内村さんとカメラが。そして「あなたは24時間マラソンランナーの一人に選ばれました」と。「ん？ どういう意味？」最初の感想はこれです。だってそもそも私にあの大役が来るなんて思ってもみていないわけで。その上〝の一人〟と言う謎のキーワード。そりゃあ〝わけわかめ〟ですよ。で、そこから今回は駅伝スタイルで、ランナーは私も含め全部で4人。その4人がそれぞれフルマラソンを走り、襷を繋いで国技館を目指す、という事を聞く。ああ、情報が多い。多すぎる。オロオロする私に「その4人のランナーのもう一人が今からここに来ます」と内村さん。ああ、展開も早いです。一回波の音とか入っているCDかけて落ち着きましょうよ。程なくしてその人はやって来ます。その会議室の扉には磨り硝子の部分があってちょっとだけ透けていて。外の様子がぼんやり見えるのですが、そこからピンク色が見えた時、仲間の勘なんですかねぇ。すぐによしこだとわかりました。その途端、なんだか涙がブワーッと溢れてまいりまして。なんだろう。安心したのかなぁ。逆に「ああ、そっか。私、不安だったんだ。」と気づかされたと言いますか。そして自然と「よしこがいるなら大丈夫」って思えたんですよね。そこで内村さんに改めて「やりますか？　やりませんか？」と聞かれて、何の迷いもなく「やります」と答えました。後の二人のメンバーも聞かされて、その意志が更に強くなったのは言うまでもありません。ただちょうどその時期は「イッテQ！」の中国ゴマ＆山田ジャパンのポールダンスの練習がガッツリかぶっておりまして。ご覧の通り、全部体を使うものばかり。鞄の中に大量の湿布と元気が出るエネルギーチャージの粉を詰め込み常備する、そんな49歳の夏が始まりました。

私は元々、短距離派でして。中1から高2まで陸上同好会で、50メートルのハードルとかをやっていました。その部活で一度だけ皇居一周5㎞マラソンにチャレンジしましたが、当時血圧も40・80とだいぶ低く、お医者さんにも「無理しない方がいい」と言われたんですが、天性の負けず嫌いでうっかり走っちゃいまして。なんとか完走しましたが、最後ちゃんとフラフラ。それが人生最初で最後の長距離。ただそれ、17歳の時の話ですから。17歳でフラフラだった私が〝49歳でフルマラソン〟なんて想像もつかない。でも初回の練習の際、24時間マラソンの名物コーチ・坂本さんからフォームは褒めていただきまして。それはよかったのですが、むしろもっと大変な精神的な部分。そこは経験しないとわからない事だらけ。例えば「今日は皇居1周ね」と言われて走るじゃないですか。で1周終わったはずなんだけど誰も足を止めない。「あれ？　1周って言ってなかったっけ？」なんて思いながら走るんですが、そう思ってからが急にめちゃくちゃキツいんですよ。要は〝1周〟で心が切れちゃったんです。で1周＋2㎞走ったとこで我慢できなくなって「あのぉ。ゴールは？」と尋ねると「あさこさんの足がしっかりしていたので距離延ばしちゃいました」と。「言ってよぉ」と思いましたがこの時、こんなにも気持ちで左右されるんだ、という事を知るわけです。逆によしこと一緒に夜9㎞走った時はしんどいはしんどいのですが、やっぱり心強いし楽しいし。途中、町に漂うカレーの匂いにはしゃいだり、高級マンション見てうっとりしたりしていたら、いつの間にかゴール。タイムもいつもより速かったようで。ホントに〝気持ち〟の大切さがわかりました。

別のある日の練習では今日は10㎞走る、と。まあもう9㎞は経験済みですから。踏ん張れば行ける、って思っていました。でその日はふくらはぎに肉離れの前兆みたいな痛みが出ちゃったのもあるのですが、広い敷地の外周4㎞を走り戻ってきた時。水分取ったり、首冷やしたりしてちょっと休んだんですよね。でこちらとしてはもちろん10㎞ってわかっていますから。「さあ、あと1周半行きましょう！」ってまた出発しようとするのですが、まさかの足が動かないんです。なんとか歩いてみるものの、全然走り出せない。今度はそこで、一回止まった後の動き出しの辛さを知るのです。

そうやって距離を延ばすだけじゃなく、いろんな事を学びながら日々練習を重ねまして。その最大の山場が忘れもしない8月上旬のめちゃくちゃ暑い日。大磯にて私とよしこの5時間30㎞チャレンジ。私がその日までで一番長く走った距離は11㎞。倍以上の30㎞は未知も未知。知らない世界です。しかも5時間太陽を浴びながら走り続けるわけで。でもとにもかくにも、進むのみ。よしこと頑張ろうと抱き合い、スタートしました。

以前もちょっと申しましたが、大磯は私の祖父母の家がありまして。子供の頃、夏休みや冬休みを過ごした思い出の地。走り出してすぐ、昔遊んだ山や川、神社、道などなど懐かしい風景が次々に見えてきて。大磯駅の裏を抜けた細道の向こうに大磯の海が見えた時はもう脳内、井上陽水さんの「少年時代」が流れまくり状態ですわ。ただね、そんな素敵な時間は続かないわけで。想像以上に強く照りつける太陽の熱や、ひたすらアップダウンが続く山道から来るダメージがかなりひどく。49歳大ピンチ、となるのですが、うっかりお時間。次回もうちょっとだけこの話にお付き合い願います。


〈今日の乾杯〉以前、家呑みした際のおつまみ。海苔の佃煮といつもの日本酒ロック。旨みのかたまりに拍手。実は今回マラソンなどでずいぶん長い事呑んでいなかったので、ここ最近のおつまみ写真がない。ただこのコラムを書いている今日久々に呑む予定なのですが、この辺りから優しく始めようかな。

42・195㎞〈後編〉

　ではでは前回の大磯5時間30㎞チャレンジの続きから。あれは15㎞くらい走った時かなぁ。めっちゃ暑いし汗びっしょりなんだけど、なんか寒くて。それを並走してくれていたトレーナーの中川さんに伝えるとおそらく熱中症か脱水症状の初めの可能性が。「ちょっと予定のコースから外れるけど、近くにコンビニがあるからそこへ行こう」コンビニのクーラーで体を冷やしつつ、何か口に入れよう、と。みんなだってしんどいのにフラフラの私に「好きなもの買っていいですよ」「パピコはどうですか？」「栄養ゼリーならどう？」とまるで子供をあやすかのように優しく聞いてくれる。ただ暑さに負けた49歳の胃袋はアイスもゼリーも重く感じてダメで。結局ピンときたのが果汁１００％リンゴジュースだけ。ゆっくり吸い込んだ。あの染み渡るリンゴの甘さは一生忘れない。

　そんなこんなでホントに皆さんに支えていただきながら、そして途中再会するよしこと励まし合いながらなんとか二人、無事完走。その後、アイシングしながら取材。「30㎞はどこが辛かったですか？」「間で何を考えていましたか？」聞かれて気づいたんですが、私、覚えてない。いやね、コンビニに寄った、とか、途中よしこに会った、とか出来事は覚えていますよ。でもね、辛さとか感情とかが残ってないと言うか。絶対めちゃくちゃ辛かったし、実際足も感覚なくなっちゃったけど、走り終わってアイシングして、冷たいクエン酸を飲み干したらなんかリセットしちゃってるんですよね。なんなんだ、私。そう考えると唯一そこだけ長距離に向いているかも、だな。

小学生のようなガッツリ日焼けをした大磯練習を経て、その後も練習を重ね、あっと言う間に前日。前日は「スッキリ」で春菜を他人事のように応援する水卜ちゃんを観てニヤニヤし、よしこのお母様からいただいた桃を食べながらよしこを思い、公開したばかりの映画「ロケットマン」を観に行って春菜を思い出し、と3人の顔を思い浮かべて過ごしていました。大変な二日間を一緒に乗り越える3人の事を考えると気持ちが穏やかに、でも何か強くなる。そんな感覚。

いよいよ当日。緊張しているつもりは全然なかったのですが、〝眠れない〟〝お腹痛い〟〝天気予報何度も見る〟などの症状が。どうやら私、めちゃくちゃ緊張しているみたい。でも集合場所でよしこ、春菜と会うとやっぱりホッとすると言うか。なんか嬉しくて笑っちゃう。3人で変な襷の渡し方とかしてずっとはしゃいでいたら、実況の森アナや坂本トレーナーに「こんな明るくリラックスしたスタート地点は今まで一度もなかった」と。私たちは暮れていく夕焼け空を見ながらじゃれ合いながらも、お互いの無事と健闘をただただ祈っておりました。

この本番までいろんな取材をしていただいた中で、本当に多かった質問が「どんな方に見て貰いたいですか？」「何を伝えたいですか？」私の答えは「特にありません」だって49歳の丸みを帯びたおばさんがただ走るだけです。それを見て何かを思うも思わないも自由なわけで。それをこちらから言うのは、なんかおこがましいかな、と。だから私は42・195kmをとにかく一生懸命に走るだけ。じゃあなんで走るんだと聞かれると、んー。ちょっと恥ずかしいんですけどね。4人の襷を国技館に持って行く。持って行きたい。それのみでした。って、なんか格好つけすぎか。でもホントにそうだったんです。

今まで走った距離の倍以上の距離を、しかも第一走者と言うプレッシャーを背負って走ってくれた春菜。夜中に出発するだけでもしんどいだろうに、そんな状態で自分のスピードも距離も体感しにくい暗闇の中走ったよしこ。ギリギリまで総合司会としての仕事も務めながら、信じられない暑さの中42・195kmを走りきった水卜ちゃん。そんな3人で繋がれてきた襷は想像の何十倍何万倍も重く、凄いものになって私の所にやってきた。

東大和市役所を出発し、ゴールの国技館までの42・195km。本当にスタートからずーっとたくさんの方が沿道から、時に車の窓を開けていっぱい応援してくださいました。あの暑い中おばあちゃんが一生懸命手を叩いてくれてたり。いろんなプラカード書いて待っていてくれたり。ちっちゃい子が全身の力振り絞って「あさこがんばれぇ!」と叫んでくれたけど、多分〝イッテQ!のババア〟と目の前を走る私が繋がっていないのか、全然違う方を見ていたのも可愛かったなぁ。

途中17㎞過ぎた辺りでオアシズ大久保さんがサプライズで一緒に走ってくれたのも嬉しかった。ずっと私に「喋らなくていいよ」と言いながら〝大久保さんが考えるあさこのお疲れさん会3つのプラン〟を話してくれた。沿道の人にも「この人49なんですよぉ」「ホント頑張ってますから」なんて言って。すごく癒やされたし励まされた。

そしてずっと横にいてくれた中川トレーナー。練習からずっとそばで見ていてくれて。よしこの並走もし、その疲れは計り知れないですが「ちょっと速いです」「ナイスラン!」「次の信号で痛いところ診ましょう」と声をかけ続けてくれて。最後間に合わないのが確定になった時も穏やかな声で「あさこさんはどうしたいですか? ゆっくり走りますか? 一生懸命走りたいですか?」と。ちゃんと声出なかったけど、〝一生懸命走りたい〟でうなずいた私の体をそっと押してくれた。私はただただがむしゃらに国技館まで走った。

結果はご存じの通り、あとちょっとで放送時間内には間に合わず。でも走り続けた私を本当にたくさんの方が待っていてくださりびっくりやら感動やら。しかも最後の最後で内村さんも猛ダッシュで応援に来てくれて。そして疲れているだろうに手を広げて待っていてくれた春菜、よしこ、水卜ちゃん。襷を握ると本当に力が出たよ。不思議だけど本当に。4人で手をつないで一緒にゴール出来て、よかった。
　こうして夏、終わりました。いろいろあったけど、一生忘れられないすごい夏になりました。本当に本当にたくさんの力をくださったすべての皆様に、本当に本当にありがとうございました。

〈今日の乾杯〉大久保さんの〝お疲れさん会3つのプラン〟メニューの1つ。通称「キャベツと豚肉のビショビショに煮たヤツ」。豚とキャベツの旨味&甘味が出まくったスープに黒胡椒たっぷりと。これにキンキンに冷えた白ワインを。早速叶えていただきました。最高です。大久保さん、ありがとう。

なんくるないさー

4月からスタートしたユニコーン100周年ツアー「百が如く」。いろいろ足しての100周年。本当に〝生きる〟事を楽しんでいる感じがすごくして、自分もこう生きたいなぁと思う。デビューからずっと大好きな皆様です。7月あたまの武道館公演の時は、ちょうどマラソンの練習で皇居に向かう途中、目の前を通りまして。〝ツアー行きたい〟欲120%状態に。そんな時、ツアースケジュールを見たら8月最後の土曜日に沖縄公演が。手帳を確認するとその日は朝、いつものラジオが終わったらそのまま日曜日まで空いているではありませんか。おお、なんたるデステニー。でも一人で行くのも寂しいから「大久保さんがもし空いていたら行こう。でもそんな奇跡はないか」と思っていたら、これがまさかのOK！

そこからのあさこは速い。早速もろもろの手配を始めます。まずは飛行機。夏の終わりとは言えまだまだ混んでいたけれど、行き4席、帰り3席空きがある便を発見。慌てて往復2席ずつおさえる。ホテルは会場の宜野湾（ぎのわん）海浜公園屋外劇場付近を探すとすぐ隣に1件。問い合わせるとツインが2部屋だけ空いておりまして。これまた滑り込みで1部屋予約。あとはレンタカー。〝禁煙〟〝安い〟で探したところ、これまた良い車がすぐに見つかり手配完了。

こうして〝奇跡の一泊二日の夏休み〟の準備が整いましたのでございます。

8月31日当日。朝9時にラジオの生放送を終え、短い夏休みの始まりです。大久保さんとは羽田空港で待ち合わせ。こんなに溢れんばかりのウキウキ旅ですが残念ながら私はマラソンの名残で足を引きずり。大久保さんも坐骨神経痛でめちゃくちゃ足を引きずっておりまして。まさかの〝ヨロヨロおばさん〟二人旅です。

せっかくの夏休み。〝羽田から乾杯〟といきたいところなのですが、沖縄着いたら運転なのでグッと我慢。〝速攻ホテル入って部屋飲み〟プランで。那覇空港到着後、レンタカーの手続きを早々に済ませ一路ホテルへ。かわいい真っ赤な車で40分。真っ青な空と時折見える沖縄の海に大量のワクワクをもらいながらのドライブはあっという間。宜野湾のホテルに到着です。目の前が海のホテルと言うことで全室オーシャンビューという最高のロケーションにニヤニヤが止まらない。

部屋に着くと即、作戦会議。ライブは18時から。今は15時。まずはルームサービスのメニューをチェック。沖縄らしくゴーヤチャンプルーと、普通に〝美味しそう〟でミートソーススパゲッティーをセレクト。ただ先にグッズを買って、部屋でTシャツ等着替えて行くのがベスト、となりまして。なので私はまず会場横のグッズ売り場へ。そしてルームサービスがその間に来て、冷めちゃったらイヤなので「いとう、グッズ売り場へ」↓「混み具合から戻り時間を逆算」↓「ホテルで待つ大久保さんに連絡」↓「大久保さん、注文」という完璧な計画をたてる。グッズ売り場に行くと時間も早くまだそんなに混んでいなかったのであさこ特派員、すぐ大久保さんに〝注文GO〟の連絡。さあ、グッズは何にしよう。実は今回の沖縄公演はMONGOL800さんとの対バンスタイル。なので沖縄限定グッズばかり。〝超〟レアな限定Tシャツとタオルに大興奮。更にはラババンとライブで使うフラッグも購入。戻る途中、売店で大量の缶ビール忘れずに買いまして部屋へ。すると部屋に着くと同時にちょうど素敵なご飯たちも到着。ああ、なんて無駄のない最高のタイミング。

目の前に広がる真っ青な海を見ながら、しかも明るいうちから飲むと言う贅沢感。お料理たちも満点の美味しさで幸せ気分がグングン上がります。夏休みというゆったりさに酔いしれながらちょうどビールがなくなり17時。Tシャツに着替えタオルを首に。手首にはラババン。旗を持ったらライブ参戦スタイル完成です。会場はおそらくキャパ数千人。ステージがめちゃくちゃ近い。屋外で沖縄の風を浴びながら、そして暮れゆく空を眺めながら、そしてそしてまさかの生ビールを飲みながら、というこの上なく最高な中、近距離で浴びる曲の数々に「幸せだあ！」と自然に何度も叫んでしまうほど幸せだった私。時に踊り飛びはね、時に感動に泣き、時に大声でみんな一緒に歌い。その夜の泡盛が止まらなかったのは言うまでもありません。ああ、素敵な夜過ぎた。ユニコーン様とモンパチ様。心から大大大感謝です。

　翌日は夜の飛行機まで沖縄を満喫しよう、と。となるとやはり〝海〟。そのつもりで20年前に買った水着も持ってまいりました。でもあまり混んでいる所はやだな、と思って朝、携帯で〝沖縄ビーチ内緒〟で検索。いくつか出てきた中からビビビと来た宜野湾から約1時間半沖縄を横断したところにある浜比嘉島（はまひがしま）のムルク浜に行ってみることに。これがまた大当たり。ちょうど夏休みのラストと、9月からの大学生の来襲の狭間の日曜日ですいておりました。ほぼ貸し切り状態。ジェットスキーで行く無人島シュノーケリングツアーを申し込んでかわいいニモたちを見て癒されたり、エサをあげたら魚に囲まれ指も嚙まれて怖くなったり、無になってプカプカ浮かんでみたり。存分に海を満喫。シャワー浴びて着替えて車に戻ると、それまでの快晴が嘘のようにどしゃ降りに。本当にラッキー続きの旅でした。

　帰り道はＤＪ佳代子が携帯の充電残20％なのにＵＮＩＣＯＲＮ＆ＭＯＮＧＯＬ８００の名曲を流してくれ、ご機嫌な2時間弱のドライブ。レンタカーを返し、沖縄在住の、私と本当に瓜二つでおなじみの歌手アイモコのモコちゃんを呼び出し合流。最後はやっぱり泡盛＆チャンプルーで終了です。

　一泊二日とは思えない充実しまくり、大満足の沖縄旅行。沖縄の海、空、音楽、そして素晴らしきお酒とお料理たちよ。山ほどの幸せをありがとう。充電完了。よし、また頑張りやす。

〈今日の乾杯〉沖縄の夜の泡盛のお供、海ブドウです。何が違うのか？　と唸るほど、めちゃくちゃ張りがあってめちゃくちゃ美味しかった。そりゃシークワーサーたっぷり入れた泡盛がぶ飲んじゃうよね。

4 km

何故人は秋だけ〝〇〇の秋〟と言うんでしょうね。例えば〝食欲の秋〟。少なくとも私は〝食欲の四季〟。だってどの季節も美味しい食材やお酒がございますから。一年中〝食〟は大事。〝読書の秋〟も意外とわたくし、本を読むのが好きでして。季節関係なく本屋さんの前を通った時にビビビと来た本をまとめ買いして、移動が長い時などに一冊ずつ読んでいきます。そして〝スポーツの秋〟。この〝スポーツの秋〟ですが今年、普段運動しない私にもうっすら到来いたしました。

そもそも今年は〝スポーツの夏〟だった私。あの24時間テレビの駅伝でフルマラソン走ってから早1ヶ月半。いろんな方に「あれだけ練習したらまた走りたくならない？」「動かないと逆に気持ち悪くない？」と聞かれます。あの頃は本番に向けての不安からか、いくら練習がハードでも何日も空くのはイヤで。数日おきに走っておりました。ただ終わった後、なんて言うんでしょうね。一生分走ったんじゃないか、みたいな気分。別に走る事自体イヤになった、ということもないのですが、やはり足の爪がダメになったり、膝の痛みなんかも残りましたから。「治ったら走るかも」なんて風に答えておりました。でも自分で言うのもなんなんですが、だいたいこういう事言う人って、まあもう走らないですよね。なのに。なのにです。自分でもよくわからないのですが、ある日「音楽聴きながら走ったら少し楽なのかなぁ」なんてふと思いまして。駅伝の時は当たり前ですがBGMなんてなかったですから。でもって突然ランニング用のイヤホン、ネットでポチッと購入。汗にも強い、コードレスのまあまあいいやつ。ん？　私、走るの？

更に駅伝の時していたランニング用の時計がございまして。GPS付きで走った距離、時速、時間が一目でわかり、アプリと連動すればいろんなデータが残せる優れもの。その時計もなんとなく。なんとなくですよ。「買おうかな」なんて思って調べてみると、めちゃくちゃ高級。「あの時計ってこんなに高かったんですねぇ」とお世話になった中川トレーナーに話すと「あれ？　手元に渡ってないですか？」と。なにやらあの時使っていた時計はいただけるとの事。あら。で早速送っていただいちゃいまして。ねえ、私、走るの？

しかも最近ドラクエウォークなるゲームが登場したじゃないですか。わたくしポケモンと同じでドラクエも全然知らず。なのになんか始めちゃいまして。でもそんな訳でまったくわからないから延々スライムのみと戦っていたら、優しい皆さんが「ちがうよ」といろいろ教えてくださり少しずつゲームが進行。それに伴いちょこちょこ歩くようになっていたので、動き癖みたいなのはついておりました。

そんなある日。ちょうどその日は夕方から仕事だったので昼間がオフ。お天気も秋の風が吹く、気持ちいい快晴。ああ、これはもう、行くしかない。なんか急にそんな気になりまして。準備開始です。実は24時間テレビ終了後、当日着ていたもの一式、記念に頂戴していたのでウェアや靴はある。ただここで一つ問題が。その中のTシャツと帽子。白地にくっきり「24HOUR TELEVISION」の文字。さすがにちょっとなぁ、と。ええ。まあそんなに距離走らないから着るモンなんてなんでもいいんですけどね。けっこう形から入る派なもので、私。いいイヤホンと時計もしちゃうわけですからね。

ここで思い出しました。そう言えば私30代の頃、一度ジョギングしていた時期があったな、と。当時、お付き合いしていた殿方と近所を30分くらい走りまして。ゴールを近所の牛角にして。先に着いた人から飲んでいる、と聞くからに体に悪そうな遊びをしておりました。その時はだいたい私が先に着いてネギミジンつまみに生ビールをグビリ。ただ数ヶ月した頃、冬が来ましてね。汗かいた後寒い、となりまして。まさかの〝走る〟をやめ、〝ネギミジンで飲む〟だけが残った次第でございます。

ま、何はともあれその時に買ったウェア一式がどこかにあるはずだ。探しました。見つかりました。あの頃から三回引っ越したのにもかかわらず、袋に入れて保管してありました。帽子とTシャツを引っぱり出す。帽子はバッチリ。ただTシャツは言うても15年以上前のものですから。Tシャツが縮んで……いや、嘘です。あさこボディがなかなかの成長をみせてピッチピチ状態でしたが、まあなんとか着られる。

よし、準備は整った。いざ出発。いやぁ、走り出して2歩で気づきましたわ。重い。体、重い。1ヶ月半でここまで？　と思うほどでした。でも私には音楽がある。時間をかけてやっとこさ携帯に入れた音楽たちをシャッフルでランダムに聞いていく。駅伝の時には直接聞くことが出来なかった「My Revolution」（渡辺美里）や「Happiness」（嵐）はもちろん、ドラマの〝あの〟力強さをいただこうと「馬と鹿」（米津玄師）。青春感で「若者のすべて」（フジファブリック）や再び嵐さんで「PIKA★★NCHI DOUBLE」。元気がとにかく出る「明日はきっといい日になる」（高橋優）などなど。大好きな音楽を聞きながらだと進む進む。

途中、ぎんなんの匂いがして季節を感じたり、近所に小さな沖縄料理屋さんを見つけたり。公園のベンチで犬を連れて編み物している人を大久保さんだと思い（近所なので）近づいたら知らないおばあちゃんだったり。結構楽しい。そしてなにより平日の昼間だというのにその走っている人の多さよ。ジョギンガー？　マラソナー？　あ、ランナーか。とにかく多い。誰とも目も合わないし、もちろん喋らないけど、謎の仲間感。うん、悪くない。

そんなこんなで4㎞28分。久しぶりのジョギングは真夏にも負けない量の汗をかいて終了。

うん、なかなか〝スポーツの秋〟、いいじゃない。でもなんか今年は秋が短い、という声も聞く。寒いのヤだなぁ。あれ？　また私、走る、かな？

〈今日の乾杯〉もずくの天ぷら。駅伝練習中、食欲がなくなった時、唯一喉を通ってくれたもずくちゃん。そして夏の思い出をくれた沖縄のお料理。最高の組み合わせ。季節はどんどん寒くなっていきますが、気分だけでもあったかくいきますか。

私はピアノ

ピアノを習い始めたのは幼稚園の頃。近所の先生のお家に通っておりました。優しくて明るい先生で、クリスマスにはちびっこ生徒を5~6人集めてホームパーティもしてくれて。でも何故かその時はピアノに全然ハマらず。むしろそのクリスマスパーティの時に先生が作ってくださった〝マッシュポテトと挽肉を炒めたものを交互にグラタン皿に敷き詰めてオーブンで焼いたお料理〟が美味しすぎてそっちにどハマり。今でもお店でこれに似た料理があると必ず注文。というかもう、マッシュポテトだけでも興奮しちゃう。20代の頃、横浜のギリシャ料理屋さんで〝ムサカ〟と言う限りなく〝あれ〟に近いお料理に出会った時は狂喜乱舞したほどです。結局ピアノに興味が持てなかった私は、しばらくしてレッスンを辞めてしまいました。

ただ私には一つ下の妹がおりまして。今度は彼女がピアノを始めるんですが、人が弾いているのを見ていたら、どんどん自分も弾きたくなってきて。そうです。幼いながらに初めて〝失ってわかる大切さ〟を経験したのです。「ああ、ピアノが弾きたい」「でも自らピアノを辞めたんでしょ、あさこ！」少女・あさこはその葛藤を繰り返した末、とうとう我慢が出来なくなり親に頭を下げるのです。「もう一度、ピアノを習わせてください！」よく考えると人生で私が〝ちゃんと〟親にお願いをしたのはこの時が唯一と言っても過言ではないかも。

いや、お願いした事あるにはあるんですよ、いろいろと。特に将来の道に関しては小学4〜6年の冬の間だけ、近所のスケート場でフィギュアスケートを習っていて。中学上がってからも練習続けてみようとコーチに勧められた時も、大学は宇宙物理学やりたくて東北の大学に行きたいと言った時もお願いしたのですが、親には「普通がいい」と反対されまして。でも今思うとこちらの真剣さが足りなかったな、と。だって一度反対されただけで「どうしてわかってくれないの？」と悲劇のヒロイン感100％でその悲しみと絶望をポエムと共に日記にしたためて終わり、でしたもの。本当にやりたかったら何度でもお願いして親を説得すればよかったわけで。

そう思うとそんな私が〝ちゃんと〟お願いしたくらい、このピアノ欲は強かったんだなぁ。

そこから私はめちゃくちゃピアノ弾きました。とにかく楽しくて。手が大きく、ピアノのタッチも強めだった私はベートーベンなど激しい曲を課題にされる事が多かったのですが、小さい頃からずっと憧れていたのはショパンの「幻想即興曲」。この曲を16歳で弾かせてもらえた時の嬉しさは忘れられない。

19歳で家出をしてピアノはなくなってしまいましたが、何かしら自分の近くにピアノの存在がありました。例えば23歳の頃通っていた舞台の専門学校。仲良しの男の子がピアノを弾ける事がわかりまして。放課後、二人で学校のピアノ前に集合してよく連弾をしました。特に楽しかったのは「くるみ割り人形」。有名な曲がたくさんありますからね。彼に連弾用の楽譜をコピーしてきてもらい、時間の許す限り弾きまくりました。あと忘れられないのは私が26歳の時の名ドラマ「ロングバケーション」。通称ロンバケ。

そもそも設定がいいじゃないですか。〝うっかり同居〟って言うんですか。〝ひょん〟な事から同じ屋根の下に住む男女。言い争いながらも、気づくと惹かれ合っている、みたいなヤツ。ああ言うの、たまらない。そしてあのピアノです。木村拓哉さん演じるピアニスト・瀬名。彼が奏でる「Close to You〜セナのピアノ」という曲が本当に素敵で。新宿の楽器屋さんにすぐ楽譜を買いに行きました。ただ楽譜を買ったところでピアノがない。お金もない。でも弾きたい。その足で私は秋葉原へ。1円でも安いキーボードを探すべく数時間、あらゆるお店を駆けずりまわったところ、見つかりました。どこの国で作ったかもよくわからない、1万円もしないキーボード。すぐさま買って、家まで引きずるように持って帰りました。

そこから空いた時間はすべてキーボードの前にいた、っていうくらいめちゃくちゃ弾いた。ロンバケの曲はもちろん、ドラマのサントラ集みたいな楽譜も買ってきて「Age, 35 恋しくて」「十年愛」「東京ラブストーリー」など名ドラマの中で流れる曲たちもどんどん。でも結局15年くらいで壊れてしまい、40歳の時、再びNO鍵盤ライフに戻ってしまいました。でもその頃から少しずつお仕事いただくようになりまして。番組で小林明子さんの名曲「恋におちて」の弾き語りをしたり、芸人仲間でバンドを組んでキーボードを担当したり。飲みに行った友人のうちにピアノがあると、大好きな飲みも中断してただひたすら一人で弾きまくったり。なにかとピアノが傍らに。そんな日々を送っていると、やっぱりピアノ欲しくなっちまいましてね。弾きたい。ああ、弾きたい。気づくと机をピアノ代わりに指でカタカタたたいている。まるでドラマ「少女に何が起ったか」のキョンキョンの名台詞「紙のピアノじゃ、指が沈まない」状態です。もう影から「薄汚ぇシンデレラ」って石立鉄男さんに出てきていただきたいくらい。

そんな私の家に、なんとなんと先ほどついに、ピアノ様がやって来ました。先日ふと思い立ったが吉日、と急遽銀座の楽器屋さんへ行きまして。親切なお姉さんがいろいろ教えてくださり、結果。濃いブラウンの電子ピアノを買っちゃったのです。わーい。で、実はこのコラムを書いている横で、配送のお兄ちゃんが二人がかりで組み立ててくださっております。ああ、完成したら1曲目は何弾こうかな。ロンバケの曲もいいし、Billy Joelの「Piano Man」のイントロも格好いいよなぁ。でもま、まずは譜面なしでも弾ける唯一の曲「ねこふんじゃった」でもいきますかね。

〈今日の乾杯〉結局ツマミってこういう事でしょ、と言いたくなるようなド定番。板わさ&枝豆。うん、確かに間違いない。特に蒲鉾は若い頃あまり興味なかったのに。今や大好物です。

散歩

歩こう 歩こう わたしは元気
歩くの大好き どんどん行こう
今年の秋のわたくしはまさにこんな感じ。先日もちょいと書きましたが、そうです。「ドラクエウォーク」です。正直〝ドラクエ〟自体まったく知らない私は、何をどう進んでいくのかもわからず。ただただ最初の第1章1話「冒険のはじまり」を繰り返しやっておりました。その都度、主人公・あさこは「1話クリア！」と飛び跳ねて喜んでいる。それを何十回か見た時、さすがに「おや？」と。その後10話×5章あり、自分で設定して進んでいく事は聞いたものの、結局ストーリーとかキャラクター達の会話は全飛ばし。地道にただ歩き、戦う毎日。
日々こなすサブクエストもいろいろありまして。それをクリアしていく為に朝、近所のコンビニにアイスコーヒーを買いに行ってみたり。仕事場へも自分の運転で行く事が多いのですが、駅までの道のりでやれる、と電車通勤にしてみたり。意外に（意外じゃないかもですが）出不精な私がまあよおでかけしちょります。私にとってドラクエウォークはもうゲームじゃなく、〝散歩目的地提案アプリ〟です。

先日も友人の結婚祝いのお返しにいただいたホテルの鉄板焼きディナーのペアお食事券がございまして。もちろん（？）大久保佳代子さんと行ったのですが、そのホテルというのが〝バブル時代のクリスマスといえばここ！〟な赤坂プリンスホテル、通称赤プリ。あ、もちろん泊まった事などありませんが。そこに3年前新しく出来たザ・プリンスギャラリー東京紀尾井町。ウキウキが止まらずうっかり早く着いてしまった私はしばらくホテルの周りを歩いてウォークっちゃおうとゲームを起動。ただホテルの周りはなんだかかなり物々しい雰囲気。実はその日の前日が即位の礼。まだ海外の要人の方々もいらっしゃるでしょうから多少は覚悟しておりましたが、それにしてもすごい数のおまわりさん。後にその日も安倍首相主催の晩餐会があった事を知るのですが、その時は知らなかったもので。「別に悪い事しているわけじゃないし」と歩き出したものの、マスクしたおばさんが何度も立ち止まり携帯いじっては同じ道を行ったり来たりする姿は完全に怪しかったに違いない。一応「怪しい者ではありません。ドラクエウォークやっているだけです」を伝えるべく、すれ違うおまわりさんにちょっと携帯画面を見せながら歩いてみたけれど、余計に、だったかも。

あと〝ご当地クエスト〟。47都道府県それぞれに4カ所ずつランドマークがあって。そこに行くともらえる〝お土産〟を集めるクエストです。ただコンプリートは100%無理なので、やるつもりなかった。なかったんですが東京都は渋谷109・東京タワーと何かと通るとこにポイントがあったもので、ついその2箇所の〝お土産〟ゲットしてしまったんですね。そうなると火が付いちゃうと申しますか。小さい頃からスタンプラリー、ハマるタイプでしたから。集め始めちゃうわけです。ええ。

　そんな時、運命のように一日お休みの日が。お天気もザ・秋晴れでおでかけ日和。ならばちょっと遠出を、と目的地は、高尾山。実は東京都の〝お土産〟ポイントは先ほどの2カ所と〝浅草寺雷門〟、そして〝高尾山〟。しかも〝山頂〟。頂上まで行かないともらえないんです。一人で行くのも寂しいのでドラクエウォーク仲間の山田ジャパン・横内亜弓（あみ）嬢を誘い、二人で高尾山を目指します。

　朝、新宿駅で待ち合わせ。9時過ぎ発の特急なのに、これまたウキウキし過ぎで8時過ぎに新宿到着。パン屋さんのイートインコーナーで、カレーパン&アイスコーヒーを楽しみながら携帯で〝はじめての高尾山〟のページを熟読。おそらくですが初なんです、高尾山。景信山（かげのぶやま）は小学校の遠足で行って、お土産にペナントを買い、部屋の壁に貼っていたので覚えているのですが。待ってろ、初高尾山。

　1時間ちょっとで高尾山口駅に到着。そこからリフトで山の中腹へ。11月あたまの高尾山は紅葉にはちょいと早いけど、とにかく気持ちいい。緑の中に咲く秋の花たちも綺麗。リフトを降り、そこから1時間くらいの登山。ちっちゃい幼稚園児からお年寄りのグループまで皆さん一生懸命登っていらっしゃいます。私たちもいったんドラクエウォークはオフ。なかなか急なところもありますが、すれ違う子供たちの元気な「こんにちは！」に力をもらい、なんとか頂上へ。平日とは思えない混雑でしたが、なんともすがすがしい。抜ける風と綺麗な空気が流した汗をも気持ちよくしてくれる。気持ちよいついでにそのまま山頂の茶屋へ。すぐさま缶ビールで乾杯。とろろ蕎麦を勢いよくすする。大人の遠足、最高。

帰る際、〝お土産〟ゲットすべく山頂のマークをタップしていたところ、横で亜弓ちゃんが「あれ?」なにやら山頂で電波が悪いのか、GPSがうまく場所をキャッチしてくれないと。「私ら今どこにいる事になってる?」「あざみ野。」いやいや、高尾山にいるよ。急遽GPSキャッチ旅スタート。そこからちょっと下っては山頂へ、ちょっと下っては山頂へ、を繰り返す。おそらく高尾山〝もう一登り分〟したのでは? と思った頃、急に亜弓ちゃんGPSが高尾山をキャッチ。急いでタップし、〝お土産〟ゲット。はあ、よかった。

先日、仕事が夕方で終わった日もドラクエウォーク仲間のスタッフさん2人を我が車にお乗せして、いざ〝海ほたる〟へ。千葉県の〝お土産〟スポットの一つです。夕暮れの海ほたるはこれまた本当に絶景。沈む夕日に照らされて浮き出る富士山の影はとてもとても美しく。

数え切れないほどのウミネコたちも静かに海を見ながら夜を待っている。なにこれ、最高じゃないの。またまた気持ちよすぎてビール、は車なので我慢して、釜玉うどんをスルリ。やっぱり大人の遠足、最高。

あ、やばい。これ書いてる間にまた遠足欲が。お天気もいいし、神奈川県横須賀の三笠公園でもぷらりと行ってみようかな。こりゃみんなが飽きた数年後にも、私まだ「お土産28個目ゲット！」なんて、やってるかも。

〈今日の乾杯〉高尾山の頂上でいただいたとろろ蕎麦。登頂の達成感、とにかく気持ちいい気候、そして何より美味しいお蕎麦で真っ昼間に飲むビールのウマさよ。最高の贅沢です。

CAN YOU CELEBRATE?

11月22日。1122（ワンワンニャーニャー）からペットたちに感謝する日。レバノンの独立記念日。「おいしゅうございます」でおなじみの岸朝子さんや大好きなaikoちゃんのお誕生日。そして、いい夫婦の日。1988年に余暇開発センター（現・日本生産性本部余暇創研）が制定した記念日だそう。ちなみにその翌日23日は1123（いいツマミ）で〝珍味の日〟。いいですねぇ。「おつまみが大好きでこの日を選んだ」と11月23日に入籍なさったリスナーさんからラジオにメールいただき、一同大笑いしながらもなんだかすごくあったかくて幸せな気持ちになった。そんな〝珍味の日〟は同じく語呂合わせで〝11（いい）23（夫妻）の日〟でもあるそうで。つまり11月22日、23日と連続で入籍日和。毎年これに合わせて入籍するカップルさんが多いようですが、今年はなんだか自分に近しい人がこの前後で本当にたくさん結婚しました。

まずは壇蜜っつぁん。壇蜜さんは文化放送「大竹まことゴールデンラジオ！」で毎週水曜日ご一緒でして。だから入籍直前の20日にも会っていたのですが、結婚どころかお付き合いしている方がいらしたのも知らなかったので、普通に私の〝床に落とした春巻きを3秒ルールに則り拾って食べた〟話や大竹まことさんの〝間違えてキャットフードを食べた〟話で笑っていた。別に壇蜜さんがそんな話を聞きながら「ま、私は2日後に入籍するけどね。ふふ。」なんて事はないですが、〝49歳が落ちて粉々になった春巻きの皮を一生懸命拾った〟話を意気揚々としていた自分を思い出すと、なんだかちょっと恥ずかしい。

安藤なっちゃんのニュースもすっごく嬉しかったなぁ。日テレ尾崎アナのお話もこちらまで優しい気持ちになった。なんか結婚多いな、と思っていたところに更にオードリー若林くんの発表。朝起きてニュースを見て。すぐradikoで「オールナイトニッポン」聞きまして。いっぱい笑わせてもらいながら、しみじみその幸せを浴びた。

共演者で言えば横山だいすけさんも祝ご結婚。NHK「すイエんサー」で1年半ほどご一緒させていただいております。だいすけさんの場合、結婚はちょいと前でしたが、その発表以降なかなかお仕事が一緒にならず。やっと会ってお祝い出来たのがちょうど22日の〝いい夫婦の日〟だったので、ここにまとめさせていただきます。「女性みたいに名字が変わらない男性は何で一番変化を感じる？」と聞くと、答えは「家に人がいる事。」なるほど。

そう言えばわたくしも20歳から40歳の手前までの間で3人の殿方とお付き合いいたしまして。その大半が同棲生活でした。その日々が楽しかったのは記憶にあるのですが、その頃どうやって人と暮らしていたのか、まったく思い出せない。トイレ行く時、少しは気にしたりしてたっけ？ 自分の荷物あるのに、彼がウチに転がり込んで来た時、彼の荷物をどうやって置いたんだろう？ などなど。しかもよく考えてみると今までの人生で私、そもそも一度も「結婚したい」って思った事ないかも。長い方で10年同棲しているわけで。そりゃあ「このままこの人と結婚するだろうなぁ」とは思いましたよ。相手方のご両親やご親戚とも仲良くなって。お正月なんかは関西のご実家に伺って「お母さん、私、それ運びます」なんていそいそと動き。もうほとんど〝嫁〟です。だからそんな感じで未来予想図と申しますか。家族像は見えておりました。でもいわゆる「結婚したい！」という感じの、明確な〝結婚欲〟みたいなものはなかったんだよなぁ。今思うと、ですが。不思議とね。

ただそんな私でもここまで結婚が続くと、〝結婚していない〟と言うマイノリティの不安と言いますか。もちろん独身の方は山ほどいらっしゃいます。いらっしゃるのですが、今回あまりに自分の周りでいっぱい結婚するもんだから。なんか〝たった一人の独身〟な気分になってきて。「あれ？ 私ってなんかおかしいのかな？」みたいな。でもそんなどうでもいいモヤモヤ気分なんかあっと言う間に吹っ切れるくらいの大きな幸せが。

この結婚ラッシュの〆、イモトと石崎さんの結婚です。発表となる「イッテQ！」が緊急生放送だったので、ネットではいろんな説が出ておりました。中でも〝いとうあさこ結婚説〟の多い事多い事。「本当にそうだったら泣いちゃうかも」と言ってくださる心優しき方も。

更にはあまりの〝あさこ結婚説〟の多さから「もし違った時のあさこの気持ちよ」とかばう方まで登場。最終的には「あさこさんがかわいそう！」もう〝けんかをやめて二人をとめて私のために争わないで〟な気分。あ、あと一応言っておきますね。私、幸せですよ。何はともあれ、ずっと一緒にやってきたイモトと石崎さん。

内村さんが「なるようになったな」とおっしゃっていましたが、まさにその通りで。いいところも悪いところも、すべてをお互いに受け入れている。そんな信頼関係ってなかなか築けるものではない。と言うか二人は普通の人が絶対に経験しないような極限状態を、一度ならず何度も何度も一緒に乗り越えてきたから。その絆の深さは計り知れない。出川さんの「この二人で反対する人、日本に一人もいない」の言葉通り、本当にみんなが幸せに包まれたような、そんな時間だったような気がします。生放送の後はあまりの幸せ感の大きさに、一人じゃ抱えきれなかった私はガンバレルーヤを誘い3人で飲みに。途中、宮川大輔さんも加わり4人で「幸せだねぇ」「よかったねぇ」のほぼ2つのワードのみで6時間飲みました。ああ、なんたる幸せ。ご結婚なさった皆々様、本当に本当におめでとうございました。そして、本当に本当に末永くお幸せに。

〈今日の乾杯〉くりぬいたトマトにほぐした蟹＆三杯酢のジュレ。これをしっかりスプーンで崩し混ぜていただく。そりゃあ最高以外の言葉が見つかりません。冬よ、ありがとう。

ハチ公

　ハチ公と言ってもあの渋谷で多くの人の待ち合わせのシンボルとなっている忠犬さんの事ではなく。わたくしが10年近く乗った愛車の名前であります。

　あれは2011年のお正月。当時住んでいた中野新橋の町をプラプラ散歩していた時の事。車屋さんの前を通った時に突然のビビビ。そこには大きなポスターが貼ってありまして。一台のベージュの車の横に、同じ色のブルドッグがサングラスをかけて写っていた。なにやらその車が〝サングラスしたブルドッグ〟をイメージしてデザインされた車との事。その可愛さにあっと言う間のまいっちんぐ。この頃〝独身女性が犬を飼ったら終わり〟伝説が呪いのように体に染みこんでいた私。もちろん今はパコ美のおかげでその呪いも解けております。ただあの頃はそう思っちゃっていたのだから仕方ない。昔から犬が大好きな私は「飼いたい」「でも飼えない」を行ったり来たり。でも……あれ？　待てよ？　犬を飼うのがダメでも〝犬顔の車〟なら飼っても、いや、買ってもいいんじゃないか？　いやいや、ちょうどお仕事をいただきだしてすぐの頃だったので車を買うなんてまだ早いよ。お店の前でしばし悩む。んー。ビビビの勝ち。いざ車屋さんの中へ。

「いらっしゃいませ！」明るく優しそうなお姉様がお出迎え。「新車ですか？」数秒前まで〝車を買う〟なんて思ってもいなかった私は、お店に飛び込んだものの戸惑うばかり。「あ、え、えっとぉ、はい。」「ではこちらへ。」パーテーションで仕切られたテーブル席へ通される。「お車のご希望はありますか？」「えっと、あの、犬のヤツ。」「ああ、キューブですね。今カタログお持ちしますね。」へえ、あの車、キューブって言うんだ。もうサングラスブルドッグばかりに目がいって、車の情報見てなかった。

「お待たせいたしました。お色はいかがされますか？」カタログを開いてくださる前に即答で「あのブルドッグと同じ色のがいいです。」「クラフトダンボールですね。」クラフト段ボール？　なんてかわいい響きの色でしょう。「はい。その、クラフトダンボールで。」「かしこま……あ。申し訳ございません。クラフトダンボールの方がすでに生産終了しておりまして。他のお色はいかがでしょうか？」

キューブは本当にいろんな色がある。ただ私が欲しいのは〝犬〟なのだ。クラフトダンボール無き今、犬っぽい色なんて……あった。昔実家で飼っていたビーグルやコーギーと同じ明るい茶色。「シャイニーブロンズですね。」これでまず〝犬〟色OK。お次はグレード。キューブは4段階。私は一番上のグレードを選択。「いいですよねぇ。この型だけ天井がガラスになっているので晴れている日の運転は気持ちいいですよぉ。」とお姉さん。確かにこの一番上のヤツだけ天窓付きで素敵。でも私が選んだのはその窓があったからじゃない。元々キューブはアンテナが運転席の窓の上辺りに長いものがついている。でもこの型だけは天窓があるからアンテナがそこにつけられない。だから短くてかわいいアンテナが一番後ろの真ん中についているのです。そうです、しっぽです。もはやアンテナなんかじゃない。しっぽです。ああ、かわいい。可愛すぎる。内装も犬に近づける為に、撫でた時に毛並み感溢るるよう、茶色の毛足の長いタイプのシートをチョイス。夏、ちょっと暑いかもだけど、ワンコ感を優先。これで外側も内側ももう〝犬〟です。

更に「ナンバーはいかがなさいますか？」そっか。ナンバープレートはこの子（車）の名札になるんだ。ワンコっぽい名前がいいなあ。昔からいろんな数字の語呂合わせで遊んできた私。最初に思いついたのが〝２７４４〟。わかります？２（ツー）７（な）４（よ）４（し）で綱吉。犬公方でおなじみの第５代将軍徳川綱吉です。一瞬「いいヤツ思いついたぜ！」とはしゃぎましたが、携帯でいろいろ調べていくと生類憐みの令が出てきて。「恨んでいる人も多いかも」とか「４が多いのは不吉かな」などいろいろ考え出して〝２７４４〟は却下。

いい名前はないか考えていたその時。あらやだ。こんなにシンプルでいい名前に気づかなかったなんて。〝１１０８〟。１（い）10（とお）８（はち）で〝いとうハチ〟。ハチくんです。

ワンコ感も１００点だし、なによりもかわいい。「では１１０８で」と言うとお姉さん。「差し支えなければ何故１１０８か教えていただけますか？」犬として買う事、だから色や型をこれにしたという事、それ故の〝ハチ〟だという事をちゃんと〝冗談感〟フルマックスで話したのですが、お姉さんは表情一つ変えず「可愛がってくださいね」と普通の笑顔。

その数年後、ハチを修理に出した時も、修理完了のメッセージが留守電に入っていたのですが「いとう様。ハチくん、元気になりましたよ。早くお母さんに会いたいと言っているので、お時間よい時、お迎えにいらしてください。」ええ、ええ。私のせいなのは重々承知で。なんか、すいません。

そんなこんなで丸9年。いろんな所へ一緒に行った愛車であり愛犬でもあったハチも、とうとう調子が悪くなり。このたび車を買い換える事になりました。手続きしに行った日、今の担当のお兄さんが急に「あさこさんって今日誕生日ですか？」と。「いえ、6月ですよ。何故ですか？」と聞くと、その日は11月08日。「ナンバープレートを誕生日になさる方もいらっしゃるのであさこさんもそうなのかなと」と。１１０８。何かはわからないけど、なんか運命と言うか。ハチとの縁を感じたりして。ちょっと寂しくなってしまった。

総走行距離４４８４４㎞。イライラした日も落ち込んだ日も優しい音楽を聴かせてくれたし、時に気持ちいい風とか太陽とかで元気もくれた。大久保さんとクリスマス、突然の猛吹雪に巻き込まれながらも何とか群馬県榛名(はるな)神社に行った時も、ぼんやりしたくて一人で鎌倉の海まで突然行った夜も、もちろん毎日の仕事場への移動も、いつもハチだった。いっぱい助けてもらったな。ハチ、素敵な時間を、本当にありがとう。あ、最後に。新車もワンコに寄せた事だけは、ここにご報告しておきます。

〈今日の乾杯〉あん肝を甘辛く炊いたヤツです。これ出てくると冬だなぁ、とちょっと興奮する。この小皿にちょっとあるだけで日本酒2〜3合いけちゃうほど濃厚で美味しい。熱燗も絶対いいのはわかっておりますが、私はやっぱりロックで。

〝初〟だらけのあさこ大会　２０１９

今年の漢字。この時期になると一つや二つ、番組で「今年のあさこさんを漢字一文字で言うとしたら何ですか？」のやりとりがあるものですが、今年は誰からも聞かれなかったので、自分から書かせていただこうと思います。って昨年もここに書いたか。オホホ。ちなみに昨年は〝忘〟でしたが今年は〝初〟です。昭和の頃、〝「こんなの初めてぇ」と喜べる女子がモテる〟なんて雑誌に書いてあったような気がしますが、49歳にもなって「こんなの初めてぇ」な事が今年はいろいろありました。

例えば24時間テレビでの〝初〟フルマラソンや「イッテQ！」の女芸人5人〝初〟遠泳は大変だったけど、仲間の大切さと言うか。気恥ずかしいですが、そういう大事なものを学んだ、一生忘れられない経験になりました。その後マラソンのご褒美ロケと称して〝初〟氷河に行き、その氷で日本酒ロックを飲むと言う最高の贅沢もさせていただきました。〝ドラマのお仕事ではまさかの〝初〟キスシーン。しかもお相手、お二人も。ただ何が哀しいってコメディドラマだったものですから。あんまりデリケートになっても恥ずかしいので「私、全然大丈夫ですけど何か」感を出して現場に行きました。でも内側は〝超〟を何万回つけてもいいくらいド緊張。もう逆に意識しすぎちゃって、夜キスシーンの撮影がある日のランチの時。お弁当を食べた後、普通に歯を磨けばいいのに「今、歯を磨いているところを誰かに見られたら『あ、いとうあさこ、キスシーンの準備、もうしてらぁ！』なんて思われたらどうしよう」とか思っちゃってコソコソ歯を磨くと言う。自意識過剰でした、はい。

そしてこないだは〝初〟サウナへ。その日は森三中の黒ちゃん&ガンバレルーヤと一緒の収録で。3人に収録後「一緒にサウナ行こうよ」と誘われまして。実は黒ちゃんにはもう何年も誘われていたのですが……いやね、偏見なんですよ。それはわかっているんですけどね。サウナはいわゆる〝意識高い系〟の〝ゲイノウジン〟が行っているイメージがありまして。だから真逆の私はなんか怖くてずっと断ってきました。でもその日は3人が私の楽屋の入り口を塞いで大説得大会開催。「楽しいですよぉ。」「気持ちいいですよぉ。」「ご飯も食べられて。しかもすごく美味しいですよぉ。」暮れの疲れなのか、3人のパワーが強いのか、根負けいたしまして。「じゃあ、行ってみるかな」といざ〝初〟サウナへ。

その日はかなり冷え込んでいて、体を温めるにはベリーグーの日。勝手に〝派手で怖い所〟と思っていましたが、入り口の扉をくぐるとなんとも静かな、むしろ地味な感じのザ・韓国サウナ。まず一安心。靴を脱ぎ、その靴箱の鍵と引き換えにロッカーキーをもらう。どうやらそのキー番号を各所で見せて、最後にまとめて精算するシステムだそう。ロッカーにて服を脱ぐ。渡されたタオルはサウナに入る時に必要だから持って行くように、と黒沢サウナ先輩に教わる。どうせすぐお風呂に入るから、と特にタオルを体に巻くこともなく、軽く胸なんかを隠しながら、階段を上って一つ上の階のお風呂へ。私はそのまま棚みたいなところがあって、そこにタオルを置いてひとっ風呂、のイメージだったのですが、黒ちゃんたちについて行くとまさかのそのまま食堂へ。え？　食堂？　何故？

「お料理、時間がかかるから先に注文して、その間にお風呂入るといいんだよ」と黒ちゃん。

「大丈夫。全部、女性と男性、別だから。」

うん、でもそこじゃないのよ。パッと見るといつの間にか3人ともタオルを体に巻いているけど、私食堂に行くなんて思ってなかったから一人下半身丸出しのままよ。そのまま「じゃ、じゃあ……参鶏湯と……チヂミもみんな食べる？」その私の状態で、か私を知っていて、かはわからないですが、食堂のお姉さん、大爆笑。ああ、哀しい。

さて。いよいよサウナ体験スタート。シャワーで一日の汚れを落とし、まずは岩盤浴へ。部屋が狭いのか私たちが大きいのか4人がゴロリとすると他にもう誰も入れない。慣れた手つきで黒ちゃんがテレビをつける。時にテレビを見たり、たわいもない話をしたり。いい汗かいてビッショビショになる頃には30分が経っていて、参鶏湯の出来上がりタイムに。

「じゃあご飯にしよか」と食堂へ。あれ？　ちょっと待てよ。このまま行くとおパンツさんを穿かずに食事？「黒ちゃん、ロッカー戻らないの？」「うん。戻らないよ。」「え？　じゃあこのまま食べるの？」「そうだよ。あ、タオルだけが嫌だったらガウン貸してくれるよ。」

いや、これまたそこじゃないの。私が気にしているのはお股なの。だってお股におパンツなど何かしらの布をあててないと不安じゃないですか？　あっつあつの参鶏湯食べた時に何かちょっと出ちゃうかもしれなくない？　そのまま食べ出す3人。ええい。郷に入っては郷に従えだ。ガウンを借りてその裾を太ももで挟み、ズボン風にする事で自分をごまかす。

ただね、そんな事もどうでもよくなっちゃうくらい参鶏湯、美味しかったぁ。体に染み入るやさしいスープ。体にいいものってこういう事だよなぁ、なんて思いながらビールもグビリ。ヤバい、どんどん楽しくなってきた。食後にアカスリかオイルマッサージと思っておりましたが、その日は予約がいっぱいだったので断念。

再び岩盤浴でゴロリした後は、ヨモギのミストサウナや普通のサウナなどを渡り歩き、間で下半身だけですが水風呂に入ってみたり。最初は怯えていたのが嘘のようなこのこなれ感。気づけば4時間半も満喫しまくりでした。ああ、元気になったぁ。そんなこんなで〝初〟だらけの2019年が終わります。そして来年はいよいよ〝初〟50代に突入。何故だかわからないけどちょっとだけワクワクしています。よい1年になりますように。皆々様、よいお年を。来年もよろしくお願いいたします。

〈今日の乾杯〉先日、まだやっております「ドラクエウォーク」のお土産をゲットしに、埼玉の長瀞(ながとろ)に行ってきました。深谷葱と桜エビのかき揚げを始め、季節の天ぷらと蕎麦で1杯。と言ってもドライブなのでノンアルコールビールで乾杯。やっぱ葱は美味しいわね。

お見合い旅 in マカオ〈前編〉

恒例の仲良し・大久保佳代子嬢とのお正月旅行。今年の計画はなかなか後ろ向きなところからの始まりでした。

昨年10月終わりに大久保さんと飲んでいる席にてお正月旅行の打診をしてみたところ「んー、そうだねぇ」くらいのお返事。あれ？　もしや乗り気じゃない？　数日後、今度はＬＩＮＥしてみる。

「こないだお話したお正月の件。もちろん仮でｗ〝もしも行くなら〟でいくつか候補考えてみました。直行便で行けるとこです。」

私が送った候補は４つ。
・タイのリゾートでマッサージとビール
・イタリア・フィレンツェでマンマのパスタとワイン
・シンガポールでチキンライスとビール
・マカオで絶品アフリカンチキンとビール
我ながら切り札が〝飲食〟と〝マッサージ〟しかないのがお恥ずかしい。でもまあ悪くないラインナップではないかと。

ただ大久保さんからの返事は「旅行ねぇ。」むむむ。手強い。11月に入って、大久保さん宅で飲んだ時に勇気を出して聞いてみた。「今回、もしかして旅行、あんまりですか?」「んー、なんかねぇ。特に行きたい国が思いつかないんだよねぇ。」

うん、まあ、わかります。確かに毎年、特に明確な目的はなくても何かしら「行ってみたい」と思わせてくれる国があった。でも今年で10回目。日程的にもそんなに長時間休めないから、だいたいアジアなので正直少し似通ってきているところはある。でも私としてはやはりこうやって数日でも続けて休みがとれるのはお正月だけだから、プライベートで異国に行ける唯一のチャンス。せっかくだからどっかしら行きたい。

そんな話をしばらくしていると大久保さんがあることを思い出した。「そう言えば知り合いが私に絶対に合うっていう人がマカオにいるって言ってたなあ。」

何やら以前から知り合いに、マカオのホテルで働いている日本人の殿方が大久保さんのお相手にぴったりなんじゃないか、と何度も勧められていたようで。すでに写真もゲットしていて、見せてもらうとちょっとボディ大きめなニコニコしていて優しそうな方。んー、正直クマさん系好きな大久保さんにはちょっとポッチャリ過ぎかなぁ、が私の第一印象。でも会ってみないとわからない。そこから今年の旅行の目的地がマカオに決まるのに時間はかかりませんでした。

〃お見合い旅行 in マカオ〃が決まったとなると手続きおばさん・あさこの動きは早いですよ。大久保さんちから帰ってきてすぐ行き方を調べる。今回の旅は1月3〜5日の二泊三日の短い旅。直行便もあったのですが、3日の夜中着&5日の早朝発でマカオの滞在時間がだいぶ短い。香港まで飛行機で行き、船に乗り換えてマカオ行くコースなら便数も多く、少しだけですが長目にマカオにいられる。しかも直行便だと成田発だったのが、香港便なら羽田空港から行ける。香港の情勢を考えると1月にどうなっているかもわからないし、不安がないと言うのは嘘になりますが、そこはもう運を天に任す、で。そのまま旅行会社にメールを。

毎年お正月旅行でお世話になっているところだったので〃お恥ずかしながら今回もまた大久保さんと二人〃と言う事と〃香港乗り換えの船でマカオに行きたい〃旨を伝える。一応こちらのベストな時間も書き添えて。返事は翌日すぐに来ました。希望の時間の便が3社ほど、往復数席ずつ残っているとの事。航空会社、お値段などを考え、こちらもすぐ返信して席を取っていただく。船も数社&到着の港も2つあるようで。そちらも往復もろもろが違ってもよいので時間優先でお願いして。あっと言う間に往復の手配は終了です。ホテルはもちろん〃お見合い相手〃のホテル。ただお会いした事はない方ですから。さすがに初LINE（連絡先の交換は知人によって済んでおりました）が「ホテルの予約、お願い出来ますか？」で図々しい女に思われるのもよろしくない。と言う訳で大久保さんがネットで予約してくれた。そんなこんなであまり前向きではないところから始まった今年の旅計画。それがまさかのいつもより早い、11月頭に準備完了。こうして迎えました年明け1月3日。いよいよ〝佳代子のお見合い旅行 in マカオ〟スタートです。

朝、まず羽田空港に到着。どんなに時間が早かろうが関係なく飲み出しちゃうのが私たちのいいところ。「お清め、お清め」なんて言いながら、この旅の1杯目はビールで乾杯。うん、美味い。

飛行機移動は4時間半。観られる映画は1本。いとうあさこ49歳、友達のお見合いにどこかウキウキしているのかもしれません。数ある映画から選んだのは「かぐや様は告らせたい―天才たちの恋愛頭脳戦―」。ティーンエイジャーの恋愛をワクワクドキドキしながら夢中で観てしまった。

香港到着後もマカオまで船移動なのもいい。なんか旅感が強まると言うか。海の向こうのあの人に会いに行く、みたいな感じが素敵。

マカオの港に到着するとホテルのお迎えが。泊まりに行く事は〝お見合い相手〟さんに伝わっておりましたので、お計らいいただきまして。ありがたい。15分くらい経った頃でしょうか。マカオの町並みを眺めているときらびやかな大きなホテルが目の前に。私たちの泊まるホテルです。さすがカジノの町。本当に華やかで、普通に「わあ！　わあ！」が止まらない。

エントランスに近づくと一人の大柄な殿方がこちらの車をみている。「あ！　あの人だ！」車から降りると「ようこそおいでくださいました」と〝お見合い相手〟さん。あれ？　写真で見るより、かなりいいぞ。写真だとポチャ感ありましたが、生でお会いすると全然そんな事なく。どちらかと言うと〝西郷どん〟のようながっちりタイプ。いやはや、ちゃんと、大久保さんのタイプじゃないの。ってあらやだ。ここでまた字数いっぱい。次回もお話にお付き合いいただけるとありがたし。

〈今日の乾杯〉マカオの名物、ポルトガル料理のダックライス。この世にこんなに美味い米があるのか！　そしてこんなにお酒に合う米があるのか！　な一品。鴨からとったスープで炊いたご飯にソーセージとベーコンが乗っている。中にもほぐした鴨の身が。ポルトガルワイン、ガブガブでございます。

お見合い旅 in マカオ〈中編〉

　さてさて。ホテルに到着し、大久保さんの〝お見合い相手〟と出会ったところからお話の続きをば。

　〝西郷どん〟は止めどなく流れる汗を拭きながら私たちをフロントへ。大切な友達のお見合い相手ですから、そりゃあ一挙手一投足をチェックしますよ。ただね、完璧。案内してくださる所作、汗の拭い方、そのハンカチの出し入れ具合などなど。全て無駄がなくスマート。一流ホテルマンなら当たり前……いや、やっぱり人ですから。センス、出ちゃいます。そこを含め西郷どんは100点満点。スムーズにチェックインしていただき、いよいよお部屋へ。

やはりカジノ大国・マカオのホテルはゴージャス。生花とプリザーブドフラワーで作られた大きなオブジェに迎えられ、ゴールドを基調としたエレベーターで上階に。ともすれば下品になりがちの金ピカも品がある。ドラマ「愛という名のもとに」でおなじみのあの横並びも容易に出来ちゃうくらい広い廊下を進むと二泊する〝我々の城〟に到着。扉を開けると真っ正面の大きな窓の外には夜、ネオンがピカピカしそうなビル群が。お正月旅行は〝ザ・リゾート〟な場所に行く事が多いので、派手な町並みは新鮮。そして下を見下ろすと大きな池。

「夜になると噴水のショーがありますよ」と西郷どん。ラスベガスとかのVTRで観たことあるあれだ。ああ、夜が楽しみ。

一通り部屋の案内をしていただいた後、ここは友達、動きます。「あのぉ、今日とか明日とかお仕事終わる時間って遅いですか？　よろしかったら夜、軽くお食事でもいかがですか？」軽い感じで西郷どんに聞いてみる。答えは早かった。「週末本当に忙しくて。お茶くらいならもしかしたら、くらいでして。」どうやら今マカオは中国の、いわゆる富裕層方が溢れんばかりに来ていて。その数たるや凄過ぎて、マカオが入国を？　中国が出国を？　は忘れたのですが人数制限がかかっている程だそう。たしかにさっきからすれ違うのは中国の方ばかり。さすが人口世界一の国。

こうして出発前に大久保さんに言った「もしうまく行きそうだったら合図して。私、ドロンするから」もあっと言う間に不要に。以前ロケで食べたマカオ名物〝アフリカンチキン〟の美味しいお店を西郷どんに教えてもらうと、彼との接触は最後のお見送りまで無しに。くうう、無念。お正月の、しかも週末に来た事を悔やむ。

ただマカオ旅自体はプチ冒険が溢るる旅で楽しかった。まず初日の夜の〝アフリカンチキン〟のお店。ホテルの目の前から出ているゆりかもめのような自動無人運転の電車で移動。この電車が昨年末に出来たばかりで、駅員さんたちも研修中と言う事でまさかの無料。切符代わりにコインを一枚渡され、自動改札を通って乗ります。旅先で電車やバスなど公共の乗り物に乗ると、ちょっと地元感出て楽しい。4駅ほど行った排角（Pai Kok）と言う駅で下車。ここは飲食店がひしめき合う地区。お勧めの店〝海灣珈琲店〟は西郷どん曰く「若者に聞けばわかる」と言う事で、店名だけが書かれたメモを握りしめ、駅に着いて最初に目が合った若者に聞いてみた。「ドゥユーノウディスレストラン？」メモを見せるも答えは〝No〟。「若すぎたかね？　もうちょっと大人に聞くか。」なんて言いながら、次に通りすがった綺麗なお姉さんに聞いてみる。答えは〝No〟。あれ？　駅員さんにも聞いてみる。〝No〟。駅員さんが仲間の駅員さんに聞いてみる。〝No〟。あれれ？「お店知りませんか？　どなたかこのお店、知りませんか？」もう完全にマッチ売りの少女状態です。こうなりゃ自力で、とあちこち歩き回ってみたけれど見つからず。「こんな遠いはずはない」なレベルの所まで行った時、私はある決心をする。これだけ海外に行きながらも貧乏症と申しますか、特に携帯の海外使用の手続きはしておらず。毎回無料Wi-Fiがある所でのみ携帯を繫げておりました。しかしこうなったら緊急事態。〝1日2980円、しかも24時間ではなく日本時間の0時になったら翌日計算になる〟をも顧みず、機内モードを切り電波を繫げた。セコい話ですいません。早速検索開始。〝排角〟〝人気〟〝アフリカンチキン〟など、検索ワードを変えて調べていくと、1件気になる店名が。〝海灣餐廳〟。あれ？　これなら駅の近くで見たぞ。読み方はわからないですが「最初の2文字が同じだなぁ」と思ったので覚えている。すぐ駅の方に戻ってみる。発見。かなりの人気店らしく店内は混んでいる。外に飾ってあるメニューを覗くと〝アフリカンチキン〟の文字が。ここだ。ここに違いない。お店に入るとちょうどお客様が帰ったばかりのテーブルが1つ。予約していない事と二人と言う事を伝えると、ボーイさんはニコッと笑って〝ちょっと待ってて〟の合図。速やかにテーブルを片付け、サッとテーブルクロスも取り替え、まだ飾ってある大きなクリスマスツリーの前のその席に案内してくれた。混んでいてボーイさんたちは忙しそうだけど、決してバタバタしているようにはならず、とにかく気持ちがいい。英語がつたない私たちのオーダーにも嫌な顔一つせず、マカオの初飯、大成功の予感。

その予感は的中。〝生野菜のサラダ〟も〝イカのマリネ〟もまず素材が美味しく。味付けも濃くないけど旨み抜群。そしてずっと恋い焦がれた〝アフリカンチキン〟。焼いたチキンに、タマネギなどをスパイスやココナッツミルクで煮込んだカレーのようなソースをたっぷりかけた一品。元々10年くらい前に鬼奴ちゃんと行ったマカオロケで、めちゃくちゃ食べて超お腹いっぱいだったのに、そのソースのあまりの美味しさにお皿まで舐めそうな勢いで完食した思い出のお料理なのです。念願の再会。かなりハードルも上がった状態でありましたが、その期待を裏切る事のない感動の美味しさ。ボーイさんお勧めのポルトガルワインもぐいぐいガブガブ。うーん、幸せ。帰りにコンビニで部屋飲み用ワインを購入し、また電車に乗ってホテルに戻った。こうしてマカオの最初の夜は更けていきましたとさ、おしまい。とここでお時間が。あともう1回だけ、マカオ話にお付き合いくださりませませ。では次回。

〈今日の乾杯〉これです。これが〝アフリカンチキン〟です。もうチキンが見えないほどたっぷりのソース。チキンもジューシーで美味しいのですが、このソースを舐めたいが為に頼んだと言っても過言ではない。最後、残ったチキンをお持ち帰り。ちゃんとしたタッパーに入れてくれるのがマカオスタイル。もちろん部屋で続き、やっちゃうよねぇ。

お見合い旅 in マカオ〈後編〉

二日目は朝カジノでスタート。元々賭け事に興味のない二人。でも「せっかくマカオなんだからカジノは行こうよ」と大久保さん。確かに。たまにはパーッと行ってみますか。まずは両替所。「どれくらい両替します？」パーッととは言ったものの、まあ2〜3千円位でいいよな、なんて思いながら聞いてみると大久保さんの答え。「5千円位でどう？　あ、二人で5千円。」はい、同じ金銭感覚。

両替した約350香港ドルを半分ずつ握りしめ、いざ出陣。せっかくだから綺麗なお姉ちゃんがルーレットに玉転がすのを生で見てみたい、と広いカジノ内を散策。朝イチでまだ人は少なかったですが、一カ所人が集まっているテーブルが。行ってみると三個のサイコロでやる大小（シックボー）と言うゲーム。サイコロ三個を振り、合計が奇数か偶数か、何の数が出るか、などルーレット同様賭けたい場所にチップを置いていくのだそう。これならわかりやすいからいっちょやってみるか、と台に一歩近づいた時、恐ろしい表示が目に入ってきた。

〝最低賭け金300香港ドル〟。え？　それもう、ほぼほぼ今のうちらの全所持金なんですけど。震える二人の前で富裕層の皆様はポンポンお金をコインに替えて賭けまくる。なんか、もう、怖い。あっと言う間に心折れた二人は誰もいない、カジノの端っこにあるゲーセンのようなコーナーに移動。最低賭け金は10香港ドル。平和。

ゲーム機にお金を入れると、映像のチャイナ服着た〝ウッフン姉ちゃん〟がウッフンしながらルーレットを回してくれる。よく考えたら映像のルーレットなんてどうとでもなるっちゃなるけど。でもまあ赤か黒か、奇数か偶数か、チマチマチマチマ賭けていたら1時間くらい遊べた。うん、余は満足じゃ。

丸一日遊べるのはこの二日目だけなのでマカオを満喫しようとガイドブック片手に出かける事に。まずはタクシーでマカオの中心地にある広場へ。そこから人でごった返している、でも素敵な石畳の道をプラプラ。15分程で〝ザ・マカオ〟な聖ポール天主堂跡という昔火事で焼失した教会の唯一残ったファサード（正面部分）に到着。写真を撮りながら「周りにも色々遺跡あるみたいですけど次どうします？」と聞くと大久保さん。「もう、よくない？え？まだ一カ所よ？ただこの答えにはちゃんと理由があったんです。実は大久保さん、〝西郷どん〟に会うからとちゃんとしたショートブーツを履いてきていて。歩きにくい石畳で足が痛くなってしまったとの事。私なんて飛行機の中も含め〝楽〟重視のつっかけで来たのに。〝楽〟よりも〝女らしさ〟を選んだ佳代子。ああ、健気。

「とにかく休みましょう」と近くのカフェへ。再びガイドブックを開いて、計画を立て直す。結果多少は歩く事になってしまいますが、可愛いマカオの小物屋さんと美味しそうなワンタン麺屋さんを巡ったら、ホテルに戻って夕方からマッサージ。そしてディナー。充実の良いプラン完成。

と言う事でまずは小物屋さん。ガイドブックに付いていた地図を見ながら進む。とても天気がよく、気持ちがいい。10分ちょっとで到着……したはずなのですが、お店が、ない。すぐ横に工事中のお店。「もしかしてここ?」「潰れちゃったのかな。」並びにあった火鍋屋のお姉さんに聞いてみると「ゴーストレイト、ターンレフト。」ああ、やっぱり合ってたんだ。そうなるとガイドブックの地図が違うぞ。「そんな事あるんだねぇ。」笑いながらゴーストレイトでターンレフトした。そこには果てしない上り坂が。学習塾と航空会社の看板しか見えないけど行ってみるか。あれ?ない。さっきまで心地よかった太陽が急に敵に。暑さと焦りと上り坂であっと言う間に汗ダクに。

こうなったら頼りは携帯。悔しいけれど、前日に引き続きまた24時間2980円でネットを繋いだ。お店を検索するとやっぱり最初の場所で合っている。もうここまで来たら見つけたい。大久保さんが不意に近くの果物屋さんへ。するとそのお店はさっきの場所にあったビルの一室にあり、オートロックの入口で部屋番号押して入る事が発覚。

えー!? 看板も何にもないし、そんな勇気ない。半信半疑でそのビルの前へ。どう見ても普通のビル。とてもお店が入っているような雰囲気ではない。入口は柵の扉で、ふとその隙間から中のポストが見えた。すると〝1階−C〟の所に小物屋さんの名前が! 大「やっぱりあの時直感で果物屋さん行ったのよかったわ。」い「大久保さん、あった! すごい! こりゃわからないわ。」大「ファインプレー!」い

大冒険を制覇した位の勢いで大興奮。ただビルには入れたものの、マカオの〝1階〟がこちらで言うところの〝2階〟の事だと気づくまで、しばらく暗い廊下を右往左往したのはご愛敬。そんなやっとの思いで見つけたお店だったのに、結局カラフルな鶏のマグネットを色違いで買って終わり。もう辿り着けた事だけで満足しちゃったのかも。

冒険心高まり状態の二人は予定していたワンタン麺屋さんをやめ、通りすがりの地元の人しかいないような小さなお店に入ってみる。外にメニューはなかったけれどババア探偵、お店の入り口横のガラス扉の冷蔵庫を覗き、缶ビールがある事は確認。よし。ワンタン麺があったので頼んでみるとめちゃくちゃ安いのにめちゃくちゃ美味しい。追加でワンタン単品も頼んじゃった位。なんか最高。大当たり。

その後はホテルに戻りマッサージ。ディナーは大久保さんリクエスト〝ダックライス〟のお店へ。これも超大当たりで、べらぼうに美味しい。途中おじさんがギター片手に突然席ま

で来て「マイウェイ」を弾き語りしてくれたりして。感動、幸せ、号泣。
　こうしてマカオ旅も終了。〝お見合い旅〟の予定が完全に〝グルメ旅〟になっちゃいましたが素晴らしい時間でした。〝西郷どん〟とはお見送りしていただいた際「今度は日本で会いましょう」とご挨拶して帰途につきました。楽しく帰国、したはずなのに三日後。トークライブにゲストで来てくださった大久保さんから「チェックインの後、あさちゃんばっかり西郷どんと喋ってて、私全然喋れなかったじゃん！」とのお叱り。あらやだ。場を繋ごうとして間違えた、私。ごめんね、大久保さん。今度は黙るから、また会いに、いや、やっぱり飲みに行きましょう。

〈今日の乾杯〉旅物語の最後はお料理ではなく、ダックライスのお店での写真。左がギター弾き語りのおじさんで、右がオーナー。美味しいダックライスとムール貝の酒蒸しでたっぷりのポルトガルワインを飲み、素敵な歌声を聞いたらこういう顔になりました。また行きたいな、マカオ。

言葉

先日「ネット記事で読んだ」と友人からこんな話を聞きました。〝欧米人からすると日本人はマスクをしていて、何を考えているのかわからない。日本人はサングラスをかけている欧米人が何を考えているのかわからない〟んだそう。確かに外国の方に限らずですが、サングラスで目が見えないと相手が今どんな気持ちなのかわからず、不安になった経験はあります。

そうか、〝目は口ほどにものを言う〟だ。日本では「目が死んでるね」とか「目が怒ってるよ」と目の表情で人の気持ちを読む事が多い。逆に欧米の方は歯並びもものすごく気にしますし、口から得る情報は日本より多いのかもしれません。ただいくら目だ口だ言っても結局〝言葉〟が大事だよね、と思う事がありまして。

先日アメリカロケへ向かう道中での事。スタッフさんは先に現地入りしていて、私とAPさんの二人旅。成田を出発してアメリカ到着後、更に国内線に乗り換えての移動。トランジットの時間は約3時間。入国審査は時間かかる事もありますが、まあ3時間あれば大丈夫。なんて思っていたらとんでもなかった。係りの方が少ないのか、はたまた一気にたくさんの飛行機が到着したのか、気が遠くなるほど長蛇の列。一列だけでも長いのに、それが10列近く折り返して並んでいる。となると折り返す度に同じ皆様とすれ違う。修学旅行の女の子ちゃんたちと何度も「こんにちはぁ」と挨拶しつつ、気づけば2時間以上経過。でも列はまだまだ続く。

あれ？　ヤバくない？　出発時間まではあと50分ちょっとあるけれど、ボーディングタイムまでは15分切っている。しかも今回はこの後、一度成田で預けた荷物を出して、再度預けなければならない。次の乗り場だって近いか遠いかわからない。通りすがりの職員さんにチケット見せ、「ノータイム！　プリーズルックボーディングタイム。ノータイム。プリーズ！」と訴えても、低い英語力も相まって相手にしてもらえない。全然暑くないのに汗がダラダラ出てくる。

「もしダメでも今日ってまだ便ある？」と諦めかけたその時。どこからか女性の声でこんな日本語が聞こえてきた。「乗り継ぎの時間ない方！　時間ない方いますかぁ？」女性に例えるのは失礼なのですが、私が昔大好きだった漫画「マカロニほうれん荘」の〝きんどーちゃん〟のようなちっちゃくてぷっくりした、かわいらしいけど強そうな、そんな空港職員の方が辺りを見回しながら叫んでいた。「はいっ！」優等生さながらピンッと手を上げ彼女を呼び止め、チケットを見せた。「搭乗時刻までもう15分ないんですが！」すると〝きんどーちゃん〟。「ちょっと待ってて」とどこかへ。数分後戻ってくると「カウンター48番へ！」修学旅行生たちに「ごめんね！　お先です！」と挨拶をし、彼女の誘導で列から出る。足早に48番カウンターへ。そこには黒人の男性職員さんが。英語はよくわからないけど、おそらくこんな感じ。

男「さっき言ってたの、この二人か。」と言いながら、男は手続きを渋る。きんどーちゃん「本当に二人だけだからさぁ。」男「まあ〝きんどーちゃん〟の頼みならしょうがねぇなぁ。」

彼がフッと笑って私のパスポートを受け取ってからは、怒濤の勢いで事が進む。数秒で手続きが終了すると、パスポートを受け取る私に〝きんどーちゃん〟が「そこの階段から一つ下に降りて左一番奥のレーンに荷物あるから！」「ありがとうございました！」手を振る〝きんどーちゃん〟を背に、ダッシュで階段を駆け下りる。飛行機到着してから2時間以上経っているので、とっくに荷物は出ていて一カ所にまとめられている。するとおそらく〝きんどーちゃん〟の部下と思われる若い金髪男子がうちらの荷物を手際よくカートに載せてくれる。

「カモン！」彼がカートを押してくれて出発しようとしたその時。「待って！　搭乗券がない！」おそらくさっきの超バタバタで、48番カウンターの人が搭乗券を抜いてそのままにした可能性大。金髪くんに言った。「ウェイト！　ノーチケット！　メイビー№48カウンター！」よくこの程度の英語で通じたなぁ。無線でどこかにそれを伝えてくれると、1分もせず〝きんどーちゃん〟が猛スピードで階段を降りてくる。その手にはチケット。やはり48番カウンターにあったとの事。「ありがとうございます！」再び御礼を言い、すぐさまダッシュ。

明らかに裏ルートと思われる道を金髪くんにいざなわれるがままに突き進んでいく。彼は足も長くとにかく速いが、ちんちくりんおばさん、なんとかついていく。なかなかの距離に息が切れてきた頃、無事に搭乗ゲート到着。その時間、〝きんどーちゃん〟と出会ってからなんとたったの10分ちょっと。ありがてぇ。更に金髪くんが去り際に一言。「Have a nice trip!」これです、これ！　仕事とは言え、見ず知らずのうちらの為に相当ご尽力くださった上に、なんて素敵な一言をくれるのでしょう。「さよなら！」じゃなくて「よい旅を！」。もちろん今までもそんな会話した事あったんでしょうけど、今回何故か言葉がスッと心に入ってきたと言うか。すごく嬉しかったし、幸せを感じた瞬間でした。

考えてみると英語にはそう言う一言が結構ある。似たとこで言うと「Have a nice day!」。レストランでお料理持ってきた店員さんの「Enjoy!」。くしゃみすると言われる「Bless you!」。フランス語の「Bon voyage!」や「Bon appetit!」もそう。向こうからしたら日本語に直訳した意味ほど強くなく、軽い挨拶程度なのかもですが、なんかいいな、と。「言わなきゃ分かんないよ！」なんて痴話喧嘩は昔からよく聞きますが、言葉って大事。こんな異国の一コマで、改めて、そしてしみじみ思いました。

あ、そう言えば帰国後、留守中録画しておいたドラマを観ていたら富田靖子さん演じるおばあちゃんが出かける孫に「早うお帰り」と声かけていた。「いってらっしゃい」だけでもいいけれど、「早うお帰り」。うん、日本語も、素敵。

〈今日の乾杯〉焼き胡麻豆腐。ありそうですが、意外に今まで一度もいただいたことのない一品。胡麻が濃いのでその甘さやコクはもちろんの事、焼き目の香ばしさとワサビのキリッとした辛さも加わり素晴らしい。呑兵衛で良かったと改めて思うほど、日本酒に合うなぁ。

携帯電話

先日、名古屋での収録がございまして。あまりないのですがなんと近所の仲良し・大久保佳代子嬢もご一緒。なので私の車で大久保さんを迎えに行ってから品川駅に向かう事に。近況報告なんか喋っていたらあっと言う間に駅到着。いつもの駅近くの機械式駐車場に車をイン。係りのおじ様が「お忘れ物はありませんか？」「大丈夫です。」いつもの会話。

駐車券を受け取り駅へ向かいました。駅までの道中ではちょうど刑事ドラマの撮影をしていて「うちら映ったかなぁ？」なんてちょいと興奮しながら改札口へ。お財布に入れておいた新幹線チケットを出そうとしたところ、何かが足りない感覚。なんだ？　ん？　えっとぉ……あ。携帯だ。車の中に携帯忘れた。全然〝大丈夫です〟じゃないじゃない。

「取りに戻る？」と大久保さん。正直時間的にはまだ余裕だったのですが、また隣のビルまで行って車を一度出してもらって、なんて考えるともういいかな、と。まるでものすごい決意をしたかのように「このまま名古屋行きます。」たかだか半日携帯なしで過ごすだけなんですけどね。

こうして乗り込んだ新幹線。すぐにどれだけ携帯に頼って生きているか思い知らされる。

「発車まであと何分かな?」時間を確認しようとしたら、わからない。そうです。私はいつも携帯で時間を見ていたのです。しかもこういう時に限ってホームと逆側の座席だから時計が見えない。そして次の駅・新横浜から乗ってくるマネージャーにいつもする〝無事に乗りました〟の確認メールも送れない。

昔、家電（いえでん）時代は電話番号をめちゃくちゃ覚えていたから、何かあれば町の公衆電話から用件を伝える事が出来た。でも今やホームに降りても公衆電話はなかなかないし、そもそも電話番号も覚えていない。「寝坊したと思ってないかな」「新横浜で私の席まで見に来てくれちゃったら悪いな」となんかソワソワ。結果、マネージャーは来なかったんですが、名古屋で合流した時に聞いたら「大久保さんと話しているのかなと思って」と。なるほど。

そしていつも車内でちょっと寝る時に乗り過ごさないようかけるアラームも携帯。「着く前に起こして」とどこに座っているかわからないマネージャーや離れた席にいる大久保さんに頼むのもちょっと。出した答えは、寝ない。こうなったら外の風景なんか眺めちゃって。富士山見えたらテンション上がっちゃって。すごい綺麗だったから写真なんか撮っちゃって……あ、携帯ないからダメだ。じゃあやりかけのゲームでも……これも無理だ。

するとと急にお腹がチクチク痛み出す。トイレに行きたいけど名古屋まであとどれくらい時間があるかわからない。だって時計ないから。じゃあ今自分がどの辺にいるか地図アプリで……あたしゃ学習能力ゼロか。何度も携帯がない事で打ちのめされる。お腹の痛みは刻一刻と増していく。なんとか時を知ろうとものすごいスピードで流れゆく外の景色に目を凝らす。学校、ショッピングモール、運動場、通り過ぎる駅のホーム。時計がありそうなあらゆる場所で探す。ああ、こんなにも動体視力を研ぎ澄ました事があったでしょうか。でも時計を発見する事は出来ず。ならば〝○○店〟〝○○小学校〟など文字から場所を知ろうとしましたが、それも見当たらず。残念無念。まあでも富士山通過してからだいぶ経つし、そんな時間かからず名古屋に着くに違いない。

私は人間には〝別の事を考えて排泄欲を散らす〟能力が備わっていると思っている。もちろんそれも1、2回使ったらごまかしの効かない〝脂汗地獄〟が待っておりますが。まだ1回目。やってみよう。外を眺めながら、今はなき（車の中にはありますが）携帯の事を考えた。今自分がどれだけ携帯の世話になっているか。私はまだまだ怖くて、先日やっとnanacoをインストールしたくらいですが、今や電子マネーは当たり前になりつつあります。Suicaも充電切れとかやっぱり怖くて私はまだカード派ですが、これまた携帯に入れてらっしゃる方も多いですよね。それこそ新幹線なんかもはや切符無しで、携帯ピッで改札通れちゃう。

そんなわけで私はお金系をあまり使っておりませんが、先ほど申しました時計、カメラ、ゲーム、地図。そしてもちろんメールも。調べ物もするし、思いついた事をパッとメモしたり。radikoでラジオも聞くし、音楽や映画もいっぱい見聞きする。

あれは20代半ば過ぎだったかな。一番最初、iMacブームに乗っかったオレンジ色でスケルトンのPHSを手にしてからかれこれ20年以上。ピッチから携帯に変わり、折りたたみタイプやスライド式のを使った時はなんかすごく〝未来〟な感じがしてドキドキした。単色だった画面もいつしかカラーに。着メロも単音から和音になり、更には自分で番号入力して作ったりもした。今みたいに普通に音楽が流れるようになるなんて思いもしなかった。落として壊した事もあったし、ゲームセンターでカーレースのゲームをやっている時に携帯ごと鞄を盗まれた事もあった。

自分が落ち込んでいる時、ちょうど電話をくれた男友達とそのまま付き合う事になった、なんてかわいい事もありました。携帯との思い出が走馬灯のように駆け巡る。えらくお世話になってきたんだなぁ。

そうこうしているうちに名古屋到着。腹痛もなんとか耐えられました。収録を終え東京に戻るまでの約7時間携帯無し生活。帰りは慣れたもんでゆっくり外を眺めて夕暮れの富士山を心のシャッター切って目に焼き付ける、なんてしちゃったりなんかしちゃったりして。うん、たまには携帯ないのもなんかいいな。なんて言いながら東京着いて携帯手にしたら、まためちゃくちゃいじり倒しましたけどね。

あ、そうだ。こういう話のよくあるオチ〝誰からもメール、来てませんでした〟も書き添えておきましょか。何はともあれ携帯よ、ありがとう。

〈今日の乾杯〉先日高知に行った際、立ち寄った居酒屋さんにて。皆さん、オムライスで一杯飲んでいた。普段そんなに穀類で飲む事ないのですが、あまりに美味しそうに召し上がってるので便乗。あらやだ、良すぎ。よく炒めたケチャップライスの旨味の凄さよ。ああ、また食べたいなぁ。

1、2、3、ダーッ!

元気ですかー!

元気があれば何でも出来る!

ふとした時にこの言葉が頭をよぎる今日この頃。皆さん、お元気ですか? 最近改めて自分は〝元気〟だなぁ、と思います。怪我で言えば骨折やひび、脱臼から靭帯やらいろんな筋を伸ばしたり切ったり。もし〝怪我自慢コラム〟を書いたらもの凄い長編になるくらい数知れず。もちろん今年50歳になるので〝疲れやすい〟だの〝長く寝られない〟だの衰え方面のお話も山ほどありますよ。

先日歩いている時もとうとう「膝が痛いとはこの事か!」と、ティーンエイジャーの頃のあの成長痛以来となる膝の痛みも経験。今まで以上にグルコサミンのCMをちゃんと観るようになりました。でも体そのものはホントに元気で。風邪なんかもほとんど引かないですし、以前7時間にも及ぶ長時間収録の際、もの凄い近い距離で隣に座っていた方が翌朝の新聞でインフルエンザと報じられていてゾッとした事もありましたが、その時もまったく平気で。かと言って健康に気を使ってやっている事は皆無に等しい。仕事柄、どうしても〝規則正しい生活〝とは真逆の毎日を送ってますし。お酒も大好きですしね。こうなってくるとなんで自分が元気なのかよくわからない。

その上最近、健康に逆行してしまう事が何度か。例えば昨今のマスク不足。実はわたくし、かれこれ30年近くマスク族でして。季節関係なく一年中。これは風邪予防とかそういう事ではなく〝声の保護〝の為。「いやいやあさこさん。声ガサガサじゃないですか。」そんなご意見がすぐにでも飛んできそうですが。違うんです。その分これ以上のガサガサは避けなければならないのです。わたくし20代前半、舞台の専門学校に通っておりまして。その時、喉のうるおいと風邪予防の為にマスクをする習慣がつきました。その頃は今みたいな使い捨てタイプはなく、ガーゼ製のマスク。何度でも洗って使い、ガーゼやゴムからヒモが出てきたら捨てる。飛行機に乗る時には水で濡らして軽く絞り、本当の〝濡れマスク〝を作った。1時間もすると乾いてしまい、機内の乾燥度合いを知ってびっくりしたものです。

そして重度の花粉症の私にとってこの時期は更にマスクの必要性が増す。もちろん花粉をシャットアウトする目的もありますが、お恥ずかしながら大量の鼻水を止めるべくティッシュを丸めて鼻に詰めているのですがそれを隠したいのです。さすがに大の大人が鼻にティッシュ詰めたまま外を歩けないじゃないですか。でも鼻水は止めどなく流れ出てくる。ひどい時には薬を飲んでも全然効かず、鼻をすすり続けるのもうるさい&刺激になって余計に痒くなったりするので、鼻詰めティッシュスタイルがベスト対処なのです。

そんなわけで長年の通年マスク使用者の為、他の方よりはストックがありましたがさすがにそろそろ底が見えてきまして。私なんかは普段一切お化粧しないのでファンデーションや口紅がマスクにつく事はないですし、最悪〝鼻ティッシュを隠してくれたらいい〟わけで……あ、もしや、一枚で二日間いけるのでは？　んー、あれだけ「マスクの表面にはいっぱい菌がついているのでこまめに取り替えましょう」と教わってきたので正直戸惑いは隠せませんが、ここまでマスクがないなら仕方ない。やってみました。すると不織布のヤツがですねぇ、長く使っているとケバケバ攻撃してくるんですよねぇ。ほっそい糸と言うか繊維と言うか。あれが肌に擦れて痒い。しかもそれが気になって触っちゃったりするもんだから余計にケバケバが強まっちゃって。結局一日半で断念。やっぱり悪い事（健康に、ですけど）はするもんじゃないですね。

同じく昨今の問題で言うと咳。どうしても咳に敏感な今。ただですねぇ、この年になって原因不明の咳き込みが増えまして。ものすごい急なタイミングで突然喉の奥から込み上げてくるチクチク。そいつが来るともうオエッとなるまで咳をしないとおさまらない。更には唾の誤飲とでも申しましょうか。今まで考えたこともなかった唾の行き先。きっと今までは気にもとめず自然に飲み込んでいたんでしょうね。でも今は油断しているとすぐに唾が気管に入ってしまい、涙が出るほどむせかえる。もう喉の弁がイカレてるのかも。

まあどちらも加齢によるものでしょうが、これがなかなかの辛さ。ただこれが今みたいに咳に敏感な時期に出てしまうと、人様に与える不快感は計り知れず。家やら仕事場でなら仲間が「年取ったなぁ」と笑い飛ばしてくれるからまだしも、公共の場、特に長い移動の新幹線や飛行機、満員電車などで出たらとんでもない。なので先日約2時間の飛行機移動の際、絶対に咳込まぬよう、必殺〝飴舐め続け〟をしてみた。するとどうでしょう。咳、ゼロ。大成功。ただエンドレスで2時間飴を舐めていたせいで、すっかり気持ち悪くなった。次回は必殺〝エンドレス水ペロペロ〟かな。

他にも直接健康うんぬんとは違いますが先日、人間ドックに行ってお腹周りをはかる時、「あ、この人お腹引っ込めてる」って思われたらイヤだなと思ったら、逆に出しちゃって。まさかの96センチ。看護師さんの戸惑いフェイス、忘れない。メガネをどこかで潰してしまったのか、いつの間にか鼻あてがレンズより前に出ていた事も。友達に「おまえ、鼻あて、前に出てるぞ」と指摘されるまで、1年以上気づかず延々ずり落ちてくるメガネを「なんか見にくいなぁ」と上げ続けておりました。前の日が暖かかったから、と翌日の気温も確かめず薄着のまま出かけ体の芯の芯まで冷え込む事なんかも日常茶飯事。

なんだろ。なかなか上手に生きられないなぁ。でもとにかく毎日ご飯いっぱい食べて、酒飲みの常套句〝アルコール消毒〟なんて言いながら美味しいお酒もいただいて。元気に今日も頑張るか。よし。1、2、3、ダーッ！

〈今日の乾杯〉先日、大久保さんと新規開拓で入った近所のフランス料理屋さん。最初のオードブル盛り合わせでもう興奮。ローストビーフや生ハム、お野菜が美味しいのはもちろんの事、右前のヤツ。〝赤えび、菊芋、里芋のテリーヌ〟ですって。ばっきゃろうな美味しさ。もぉ飲んじまうじゃねぇかぁ、いつも通りね。

あさこの夢は遅めにひらく

お笑い芸人。自分が小さい頃に描いた未来予想図には一度も出て来なかった職業。昔から〝夢見る夢子〟な私は〝将来の夢〟が何度も変わった。

一番最初の夢は〝ピンク・レディーになりたい〟。幼稚園の頃です。歌手になりたい、じゃないんです。ピンク・レディーになりたかったんです。今日はミーちゃん、明日はケイちゃん。憧れのピンク・レディーマイクは買ってもらえなかったけど、トイレットペーパーの芯でも何でもいいからマイク代わりに握りしめ、毎日歌い踊っていた。

それが小3の秋、星野清と出会いまして。あ、「3年B組金八先生」のマッチさんの役名です。〝女子校育ち〟&〝愛読書は学研の「科学」と「学習」〟な私には〝男子〟、しかも〝不良〟なんて衝撃的で瞬時に胸ズッキュン。少女あさこの夢はあっと言う間に〝星野清のお嫁さん〟↓〝マッチのお嫁さん〟に。ただその為にはまずマッチと出会わなければならないわけで、と言う事は同じ仕事に就くしかないわけで。と言う事で将来の夢は〝アイドル〟。無邪気、と言う事でお許しください。ワッペンがいっぱい付いたセーラーカラーの白シャツに白のキュロットをはき、近所の池へ。橋のところで小首かしげた写真なんか撮っちゃって。

でもってそれをオーディションに送っちゃって。ミスセブンティーン、ホリプロスカウトキャラバン、東大美少女コンテスト、おニャン子クラブなどなど。まあどれもまだ返事来てないから結果はわか……ってます。だってもう大人だから。うん、玉砕。

その後〝フィギュアスケート選手〟や〝ピアニスト〟を夢見た瞬間もありつつ、高校になってやっと現実を見るように。宇宙が大好きだったので大学で宇宙物理学を学びたいな、と。将来の夢〝宇宙飛行士〟です。ただいろいろありまして、結局高3で文転。ただ完全に理系な私は笑っちゃうくらい文系が出来なくて。文系でも考古学や心理学は興味あったので頑張ってみたのですが、どちらも超人気学部で倍率がもの凄く。とてもじゃないけど手が届かなかった。

そんな時、深夜番組がどんどん始まりまして。中でも夢中になったのが「やっぱり猫が好き」。恩田三姉妹の繰り広げる日常のなんと面白い事か。中でも次女役の室井滋さんにドハマり。経歴を調べたらどうやら早稲田に通いながらシネマ研究会で女優として自主映画に出ていらして。もちろん今回も「よし！　私も早稲田に行って〝女優〟になる！」となるのですが、そんなわけでその学力もなく。同時に〝遅い大反抗期〟もやってきまして。19歳の春、家出をします。

そこからは〝惚れた殿方の借金を返す〟と言う、思ってもみなかった使命があったものでしばし遅れをとりますが、23歳で夜学の演劇の専門学校へ。でもこの時また夢の方向が変わります。最初は普通に〝演劇科〟志望だったのですが、パンフを見るとお芝居の実技の他に、演劇論・演劇史など机で学ぶ授業が。ただ夜学で時間も少ないので、出来るだけ実技がやりたかった。するともう一つコース発見。授業は演技、歌、ダンス各種とすべて実技。よしこれだ！と〝ミュージカル科〟を専攻。となると〝ソッコー感化されまくり女子〟あさこですから。

夢はすぐ〝ミュージカル女優〟に。卒業後もオーディションを受けまくり、いくつかのミュージカルに出演。ある日、何故かとある舞台で1シーン、コメディ部分のアドリブを任される事に。緊張こそしましたが、何の意地か毎日違う事を言ったりやったり。その時、気づいたんです。ウケる、って気持ちいい。「今日なんで昨日よりウケなかったんだろう？」「明日はもっとウケるぞ！」もう夢中です。今度は夢が〝喜劇舞台女優〟。すぐに専門学校の友達と二人で小さな劇場を借り、短編のコメディを何本も書いて2回自主公演をしたのです。

そんな時、時代はちょうど「ボキャブラ天国」が大ブーム。日々新しい芸人さんがどんどんスターになっていくのを見て、私は思いました。お笑い界に入る↓すぐ売れる↓有名になる↓いろんな舞台に呼ばれるようになる↓〝お笑い芸人〟になろう。異常なまでに軽い気持ちで飛び込んだこの世界。その初日、ネタ見せと呼ばれる言わばオーディションに行った時の事。

多分100組近く芸人さんがいらしたのですが、まさかの誰も知らない。でもね、みんな超面白いんです。一瞬で〝お笑い界↓即スター〟説、消滅。ただ何故かこう思ったんです。

「この世界、すごい。頑張りたい。」

こうして夢が本気で〝お笑い芸人〟になった時、私は27歳。その後、お仕事をいただけるようになる40歳まで13年間も水面下にいた私。その間、コンビ解散して一人になったり、「おまえは一生売れるわけがない」と言われた事もありましたが、辞める気は1ミリも起きなかった。これは〝あさこ七不思議〟の一つと言ってもいいくらい、自分でも理由がわからない。でも人生振り返ると私のそばにはずーっと〝お笑い〟がいた。その最たるものがザ・ドリフターズ。「8時だョ!全員集合」で近所の会館に来る事がわかると、親に葉書を出してもらい観に行きました。それくらい大好きだったドリフ。この頃どれだけドリフを観て、それがどれだけ体に染みついたか。今になってよくわかります。だって約半世紀、いろんなお笑い番組を観まくってきたはずなのに、結局今でも何か嬉しい事があるとつい踊っちゃうのはヒゲダンスだし、相手の名前が〝志村〟じゃないのに「志村うしろ! 志村うしろ!」って言っちゃうし、すぐ「あたしゃぁねぇ」「あんだこのやろう」「なんだちみは」使っちゃうし、ニンニキニキニキのせいでニニンは三蔵だしニシンは悟空だし。挙げ出したら切りがない。

それくらい体に入っちゃっているんです。もう〝ずっとただの幼なじみだったのに、大人になって急に大切な人だと気づいた〟みたいな感じ。そりゃ〝お笑い芸人〟の夢、続くよね。さ、今日もお酒でも飲みながら「8時だョ!全員集合」のDVD観て、いっぱい笑おう。志村さん、ありがとうございました。

〈今日の乾杯〉志村さんが亡くなった夜は、小さな器にちょっとだけ削ったチーズを入れ、指でつまみながら日本酒ロックを飲んだ。たまにはこんな夜もいい。献杯。

在宅生活

ほぼ家で過ごすようになって1ヶ月。皆さんはいかがお過ごしですか？ 在宅生活の最初の頃、「ちゃんと掃除したの久しぶり」「フィルターまで洗ってみた」「ここまで綺麗にしたの初めてかも」みたいなお掃除ツイートをよく見かけた。確かに時間はたくさんあるからいっちょ私もやってみるか……ってなったらよかったんですけどね。まさかのならなかったんですよ、私。動く事も家事全般も好きなのに、何故だかまったく動けない。起きたらそのままジャージでソファにゴロリ。ビデオ観たり、ＬＩＮＥしたり、ただただ村を作る携帯ゲームをしたり。ご飯もほぼほぼUberEats。正直自分でもびっくり。でもどうにもこうにもまったく気力が湧かなかったんです。

そんな生活が1週間くらい続いたかな。ある朝、すごく天気がよくて。ふと見た窓の外はピーカンの青空。そして小さいながらも遠くに富士山がくっきり。きっかけってどこにあるかわからないもので「あ、これじゃダメだ」と。その瞬間、ちゃんと「ダメだ」って思ったんですよね。一度窓を開けてゆっくり深呼吸。そこから生活は一変しました。朝起きたらまず服を〝ちゃんと〟着る。当たり前か。ただいつもは家にいる時、楽な格好しているもので。

出かけないとは言え朝一度、とにかくちゃんと着替える。そしてブラジャーもしよう。いや、お恥ずかしいのですが私、「締め付けられたくない。自由でいたいの。」と言う訳わからない説で外出時以外はだいたい〝おブラさんノーノー〟生活。まあすると言ってもユニクロブラトップですが。ただね、面白いものでこれだけでまず気持ちが一段階シャキッとする。

お次は水。ウチに500㎖のペットボトルが結構ありまして。収録現場からいただいてきたものや、海外ロケで余ったいろんな国のお水も。おかげですぐにペットボトルのゴミが溢れまくり。そんな時、たまたまテレビCMで携帯型浄水器がある事を知り、早速ネットでポチッとな。簡単に美味しいお水が飲めるし、ゴミもゼロ。あれ？ 朝起きてきてブラトップで水ガブガブ、なんてそれもう、デルモじゃない？ ウフフ。

バスタオルも毎日洗う。「え？ 普通でしょ？」そんな声が聞こえてくるのはわかっております。ただ私はよく言う〝お風呂上がりで綺麗なんだから汚れてない〟側の人間でして。2・3日は使える、と。でも今やほぼ毎日洗濯機を回すので一緒にタオルも洗ってみたところ、あーら、やだ。気持ちいい。お風呂も元々カラスの行水タイプでパッとシャワー浴びるだけでしたが、これまたちゃんと湯船にお湯を張って。いい香りの入浴剤なんか入れちゃって、好きな音楽なんかかけちゃって、買った携帯浄水器で水も持ちこんじゃって。いいじゃない、優雅じゃない、素敵じゃない。

お料理もよく作るようになったので毎日冷蔵庫、チェックするようになりまして。いつもは気づけば賞味期限が切れてしまっていたり、あるの忘れて同じもの買ってしまったり、ともったいない事をよくしておりましたが、今は「これ賞味期限もうすぐだから使っちゃおう」「あれがなくなったから買いに行こう」みたいな。こんなにちゃんと冷蔵庫の中身を把握した事、今までなかったかも。

なんて書けば書くほど「いやいや、当たり前！」と思われる事ばかりなのは、ホントこちとらガッテン承知の助。でもね今までなんとなくバタバタ生きてきたからかな。ああ、これが丁寧に生きるって事か。穏やかでいいな、なんてしみじみ思っちゃう。そんな生活がやっと少し馴染んできた矢先、信じられないニュースが。携帯でメールの返信をしていた時、1行のニュース速報が画面に出た。

「女優・岡江久美子さん、死去」意味がわからなかった。早く画面をタップしてニュースを見なくては、と思っているのに体が固まり暫く動けず。開くのが、怖かった。

岡江さんとの最初の出会いは「はなまるマーケット」。2011年の春から番組が終わるまでの3年間、ご一緒させていただいた。この番組が始まった頃はまだお笑いの仕事をするとも、ましてや〝はなまる〟メンバーになるなんて思ってもいなかった私が、テレビで観ていたあの明るいスタジオの中にいるなんて。とても不思議だったのは覚えている。

岡江さんとは朝、楽屋がご一緒だったのでいろんな話をさせていただいた。岡江さんはいつも元気で明るく、優しく、そしてあたたかく。それでいてさっぱりしていて、はっきりしていて。とにかく気持ちがよかった。

今や「パラサイト 半地下の家族」で有名になったポン・ジュノ監督の映画「母なる証明」をあの頃DVDでご覧になった岡江さん。「すっごいあさこちゃんに似ている人が出てたの！」と携帯で撮ったテレビ画面の写真を笑いながら見せてくださった。〝殺された女子高生の友達役〟だそうでイ・ミドさんと言う女優さん。自分でもびっくりするほど似ていた。

この楽屋のトークはそのまま番組のオープニングトークになった。そんな事はよくありまして、これも映画なのですがちょうど同じ週に二人とも「エンディングノート」を観に映画館へ。また朝メイクしながらその話をしていたら私、胸いっぱいになって泣けてきてしまって。すると岡江さんも「わかるー！」と泣き出して。メイクさんが慌てて二人のメイクを直し、いざ本番。オープニングでその話になると、二人してまた泣けてきてほぼほぼ喋れないと言う。お恥ずかしい。でもなんか、心に残った朝でした。

〝はなまる〟が終わった後も、私がドラマのちょい役で出ているのを見つけて「突然あさこちゃんが出てきてワロた！」とLINEくださったり、番組でご一緒すれば「あさこちゃんのこういう所がいいのよねぇ」と分析レポートしてくださったり。更には「今近所で飲んでるよー！」と本当によく気にかけてくださった。

そのまるで太陽のような暖かさがとても心地よく、大好きでした。本当に本当に本当に平和で健康な世界に戻るよう、心からただ祈るのみです。こんな今でこそ、もう一度岡江さんの声で聞きたいな。「今日も一日〝はなまる〟な日をお過ごしください。」はい、がんばります。岡江さん、ありがとうございました。

〈今日の乾杯〉なんか〝体に良さそう〟というだけで、小松菜・椎茸・プチトマトを大量にぶち込んで作った豚キムチ。自分で言うのもなんですが、旨み出まくりでめちゃ美味。今夜は一杯目から日本酒ロックでやんす。

リモート

　ちょっと前までは「よく聞くようになったな」くらいだったのに、もう今では日常に溶け込んだこの言葉。リモートワーク、リモート会議、リモート飲み会。私たちの仕事でもリモート収録やリモート出演なんて言うのもどんどん増えてきた。ただ私、かなりのアナログ人間でして。こういう最先端と申しますか。未来っぽい、メカ的な事はてんで苦手。今でも日記は紙に書きたいし、本やCDも現物をちゃんと買って手にしたい。

　私の生活の中で馴染んでいる〝リモート〟なんて、もう〝リモートコントローラー〟、つまり〝リモコン〟くらい。考えたらこのリモコンだって私がちっちゃい頃はなかったんですよね。ちゃんとその機械の前に行って操作をしていた。テレビなんかは〝若い方はわからない〟でお馴染み、〝チャンネルを回す〟時代の人ですから。だから初めて実家のテレビにリモコンが付いた日の感動は今でも覚えている。一番最初は無線じゃなくて有線式。しかもケーブルも短かかったから、「だったらもう手を伸ばして手動でチャンネル変えればいいのに」ってくらいテレビに近づいて操作していた。それでもなんだか凄く未来な感じがして、番組そっちのけでがむしゃらにチャンネルをガチャガチャ変えてはしゃいでおりました。でも人はちゃんと慣れるもんで。今や、と言うかとっくにですが、もうリモコンなんて当たり前。当たり前過ぎてテレビ本体のチャンネルなんて裏側にありますもんね。

それと同じで、まだ若干の抵抗みたいなものは胸の奥にありますが、このリモート三昧に慣れつつある自分がいます。ファースト〝リモート〟はまだテレビ収録があって、少しずつ共演者は離れて立とうか、みたいになってきた頃。「ヒルナンデス！」生放送のCM中、「飲みに行けなくなった今、一人で家飲みは寂しい」なんておしゃべりをしていたら、日テレ滝アナに「あさこさん、リモート飲みしたらどうですか？」これが初めて私の中に〝リモート〟と言う言葉がちゃんと入ってきた瞬間。でもやはりそこは頭固めのオババでございます。「違うよ、滝ちゃん。画面越しでもいいから誰かと飲みたいんじゃないんだよ。あたしゃ、ぬくもりが欲しいんだ！」うん、なかなか哀しい台詞。

ただそんな私に〝リモート〟チャンスが。滝ちゃんとのやりとりから少しして、ラジオの生放送以外の仕事がほぼなくなりまして。気づけばずいぶん人と飲んでない！　人と喋ってない！　これじゃいかん！　と言う事で近所の仲良し・オアシズ大久保さんと〝Zoom飲み会生配信〟と言う、昭和女子二人組からは一生出なかったであろう企画が浮上。早速大久保さんのマネージャーさんと相談しまして。本田兄妹あやのちゃんを加えた三人で一度やってみる事になりました。

まあ何せ初めてですから、わからない事だらけ。パソコン、Wi-Fiなどの環境面・技術面はもちろん〝?〟が無数に飛んでいる。と言うかそもそもおばさんが自宅でただ飲む姿なんて誰か観たいのだろうか？　半信半疑のまま、準備をしていく。これだけ皆さんやってらっしゃいますからきっと簡単なのかもですが、どこでどう遠回りしたのか私は1時間近くかかってZoomをパソコンにダウンロード。で……どうするんだ？　ただただ不安だったので配信開始予定時刻20時の2時間前、18時にZoom集合してもらう事に。いやはや、この最初のドキドキよ。大久保'sマネージャーさんに送っていただいたURLをクリック。ちょっとだけ時間がかかって繋がっていく。「お、いよいよZoom会議室に入るぞ」と思った瞬間、パソコン画面いっぱいに自分の顔。え？　何これ？　どうやら〝この顔で参加しますけどいいですか？〟みたいな確認らしい。いやぁこれはねぇ、キツい。あの〝携帯のカメラを起動したらうっかりインカメラになっていて、急に自分の顔のアップを見せられた〟時と同じ感情。なんかわからないけど怖い。即座にZoomを閉じた。

「いやいや、いつもと別に変わらないですよ、あさこさん。いつもそういう顔ですよ。」と心の中の自分を言い聞かせ、再度Zoomへ。もう一度来た〝いいですか？〟確認はもう無視に近いほどすぐOKして中へ。もう繋がってしまえばこっちのもん。すると今度は大久保さんの方が中に入れず大騒ぎ。Wi-Fi環境が原因らしく、いろいろやってみましたが結局パソコンではダメで。なので今度は携帯から入ってみたものの、何故か画面が横にならず「ロック解除してますか?」「なんか表示出てます?」「再起動してみてください」と散々試したもののこれまたうまくいかず。しかも大久保さんはハモネプ的な事をやりたかったようなのですが、タイムラグでどうしても合唱系はズレてしまい無理だと言う事も発覚。だんだん心折れ始める大久保さん。「今日、やめる?」ただね、そう言われた時、気づいちゃったんですよね。あれ? 私、超楽しみだ。あんなに画面越しの飲みを拒んでいた私が、いつの間にか〝みんなと一緒に飲むんだ〟モードにちゃんとなっておりまして。

「大久保さん、諦めないで! やりましょう!」正直この時点ではどうなるかもわかってなかったので告知もしておらず。やめたとて、だったんですけどね。ここでやめたら一生やらないかも、みたいな感じもどこかにありまして。結局20時半からする事に。みんなで力を合わせて、なんとか配信出来る状態になったのが20時直前。いろいろ準備を整えてからだったので「17分後、よろしかったら」と急なTwitter告知になってしまったのにもかかわらず、たくさんの方が一緒に乾杯してくださいまして。もの凄いスピードで画面にどんどん出てくる皆様のコメントを読む能力・視力が残念ながらまだ皆無に近く、ほぼほぼスルーになってしまったのはホントに申し訳なかったですが。とにもかくにもいっぱい喋っていっぱい笑っていっぱい飲んだ、あっと言う間の楽しき時間となりました。

その2週間後、第1回の最後に出した宿題「お互いの似顔絵」発表の第2回生配信も遂行済み。一応第3回に向けて「お互いが〝どういう人〟かプレゼン」と言う宿題は出ておりますがまだ未定。気まぐれに急にまたこの〝自宅居酒屋〟やるかもなので、その時はグラス片手に是非。

〈今日の乾杯〉最近はこれをよく作る。4月に「男子ごはん」でやっていた〝チキンソテー〟。鶏もも肉を塩こしょうを振って焼いて。焼き終わった後のフライパンにケチャップとバターを入れてソースに。作り方がシンプルで美味しいって素晴らしい。さあ、ビールで乾杯。

リモート一芸合宿

先日「世界の果てまでイッテQ！」でオンエアされました、女芸人によるリモートでのリコーダー合奏チャレンジの一芸合宿。よくよく考えると〝リモート〟で〝合宿〟とはこれいかに、ですが実際やってみると、まさに〝合宿〟でした〝合宿〟前日、スタッフさんから届けられた紙袋。きっちりテープで留めてありまして。袋を渡される際に「リモートで集まるまで、絶対に中を見ちゃダメですよ」と。いやいや、そう言われると余計に見たくなっちゃうのが人の性(さが)。〝鶴の恩返し〟と同じです。でもそこは私も今年50になる大人。ちゃんと、我慢。

そして翌朝、パソコン上に集まった11人の女芸人。リモートではありますが、こうやって仲間が集まっているのを見ただけで、かなりのニヤニヤ&ウキウキ。みんな元気そうなのがとにかく嬉しかった。そこからみんなで袋を開けて、今回のチャレンジが〝リコーダー合奏〟だと言う事を知る。

リコーダー。小学生の時、よくランドセルにさして学校に行ったなぁ。ただ今回はその馴染みあるソプラノ&アルトリコーダーだけでなく、低音のバスリコーダーと高音のソプラニーノという笛も。更にやしろ優はピアニカ、私はピアノで参戦。みんなであのアラジンの名曲「A Whole New World」を演奏する事になりました。

今まで何度もこの〝一芸合宿〟をしてきまして。毎回「前回よりツラい」「今回が一番キツい」と言うのですが、今回もなかなかどうして。ちゃんとしんどい。絶対的にいつもの方が体力的にも精神的にもハードではありますが、またいつもとは違うしんどさと申しますか。

要は止め時がないんです。ピアノは小さい頃習っていましたし大好きで。以前もちょいと書きましたが、「いつか買いたい」とここ4年は楽器屋さんの前を通る度にお店に入ってピアノを見たり。2年半前に引っ越した時もピアノの置き場所を考えたり、とずっと念頭にはピアノがありまして。で昨年の秋、増税前の駆け込みでとうとう電子ピアノを購入したわけでございます。話を戻しますが、そんなわけでピアノは大好き。ですが別に初見でポロポロ弾けるわけでもないですし、今回は伴奏なので知っているメロディじゃない部分も多く、スッと曲が入ってこない。それを三日間で仕上げるのはなかなかのハードでして。なのでとにかく弾くのですが終わりがない。弾いても弾いても足りないのです。だからただただ弾き続けてしまい、どんどんボロボロに。家族がいるメンバーはそこに家事だの家族の世話だのもあるからもっと大変だったろうなぁ。

そんな中での楽しみは夜のテレビ電話。毎晩、温泉同好会のグループＬＩＮＥでだいたい私と森三中・村上の二人でスタート。そこに気が向いた人がちょこちょこ入ってきて。それぞれ練習の大変さを話したり、最近の在宅生活での様子を言い合ったり。

ムーさんにはその時「無印良品のぬかどこ、簡単だよ」と教えてもらって、早速ネットでポチッとやったりなんかしちゃったりして。いつもの一芸合宿の時は練習しながら励まし合ったり、夜のお風呂や部屋で話をしたりしていたけどそれが出来ないからね。その分この夜のテレビ電話は、何気ない会話ですがずいぶん癒やされました。大島ちゃんやムーさんのお子ちゃまが入ってくるとあっと言う間に〝田舎のおばあちゃん気分〟に。「晩ご飯は何食べたの?」「歯は磨いたの?」「まだ寝なくていいの?」ってホント〝おまえ誰やねん〟ですが。なんだかすごく幸せな時間でした。

そうこう支え合いながら練習すること三日間。なんとか演奏出来た時には毎度の事ですが泣けてきました。奴ちゃんも言っていたけど、家で一人でやっているのにもかかわらず、ちゃんと緊張しましたしね。指なんか震えちゃって。その集中力はいつもの〝一芸合宿〟そのもの。そしてみんな離れているけど、心を合わせて一つになれて。確かに〝合宿〟だったと思いました。

そっからすっかりピアノづいてしまった私。懐かしいドラマ「ロングバケーション」の中の名曲「Close to You～セナのピアノⅠ」の楽譜を引っ張り出してきまして猛練習。弾けるようになってきた頃、〝ネットで楽譜の商品番号を調べたら、コンビニでプリントして買える〟システムを発見。それを利用して、ずっとイントロを弾いてみたかったビリー・ジョエル「Piano Man」の楽譜を購入。

しかもそんなタイミングで大久保佳代子嬢から教わった「空港ピアノ」「駅ピアノ」というBSでやっている番組にハマりまして。要は世界中の空港や駅に置いてある誰でも弾いていいピアノに定点カメラを設置。立ち寄って弾いていく皆さんの様子を撮影した番組。それがとにかくカッコいいんです。旅行に行く前、国に帰る人、仕事の途中で立ち寄った人などなど。いろんな人たちがいろんな曲を弾いてスッと帰っていく。そのピアノの存在を知っていてしょっちゅう弾きに来ている、なんて方もいらして。まあその感じがなんとも素敵で。

それにすっかり感化された私が今、家でやっているのは〝通りすがりピアノ〟ごっこ。ピアノの横を通る度に「あれ？　こんな所にピアノが」みたいな顔して椅子に座る。電子ピアノの蓋を開け、スイッチを入れる。何か一曲ピアノを弾く。最後の一音をちょっとたっぷり目に弾いたりして終了。スイッチを切り、蓋を閉める。一旦席を離れ、洗い物したり洗濯機回したりして。で、またピアノの横を通る時に「あれ？　こんな所にピアノが」感満載でスッとピアノの前に座って何か弾く。そんなバカみたいな事を一人で毎日やっています。

とりあえず次の一曲としてショパン「革命のエチュード」の楽譜を購入しました。そうです、あの名作ドラマ「少女に何が起ったか」のあの曲です。〝紙のピアノ〟じゃないから指もちゃんと沈みます。弾いていたら窓から石立鉄男さんが入ってきて「薄ぎたねぇシンデレラ！」って言われないかな、なんて想像しながら練習始めてみるとしますかね。

〈今日の乾杯〉最近ハマっている小松菜に、豚肉・ナスを合わせてカレー粉で炒めてみました。上にはモッツァレラのシュレッドチーズをたっぷりと。今日はキンキンに冷えているおビールで乾杯。なんだか〝夏、先取り〟気分。

今日の乾杯アルバム

美味しいお酒の傍にはいつも素敵なおつまみ達がいた。是非ご一緒に乾杯を。

マカオ最後の夜。オーナー＆弾き語りおじさんと。P.93

手前右の〝赤えび、菊芋、里芋のテリーヌ〟は、ばっきゃろうな美味しさ。P.108

小松菜・椎茸・プチトマトを大量にぶち込んで作った豚キムチ。日本酒と。P.118

薬味たっぷりの栃尾の油揚げ。P.33

コーンに衣つけて揚げたベトナムおつまみ。P.13

海苔の佃煮。旨みのかたまり。P.37

焼きシイタケ with おろし＆ゆずの香り。P.18

トマトの中にほぐした蟹＆三杯酢のジュレ。P.67

ロケ先で買ったウニをお気に入りの小皿で。P.28

高尾山の頂上でとろろ蕎麦＆ビール。最高の贅沢。P.63

キャベツと豚肉のビショビショに煮たヤツ。P.43

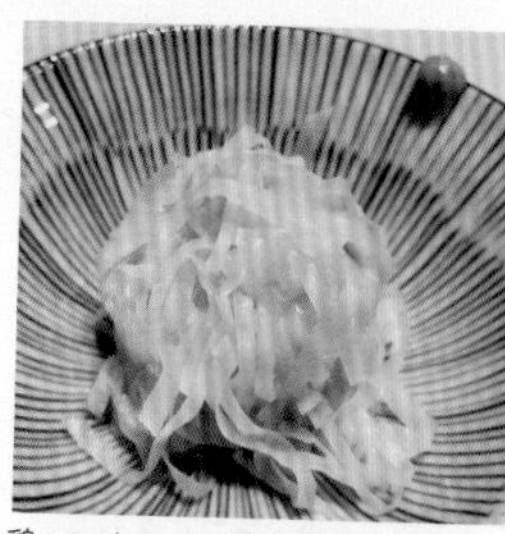

鶏シュウマイ。添えられた辛子の絶妙な量。P.23

もずくの天ぷら。沖縄の夏の思い出。P.53

沖縄の夜の泡盛のお供、海ブドウ。P.48

長瀞にて。深谷葱と桜エビのかき揚げ&季節の天ぷら。P.78

つまみのド定番。板わさ & 枝豆。P.58

あん肝を甘辛く炊いたヤツ。P.73

笹かま&日本酒の〝仙台セット〟。P.256

ポルトガル料理のダックライス in マカオ。P.83

皮薄目のパリパリな春巻き。ビールと。P.151

高知の居酒屋さんのオムライス。P.103

「男子ごはん」のチキンソテー。P.123

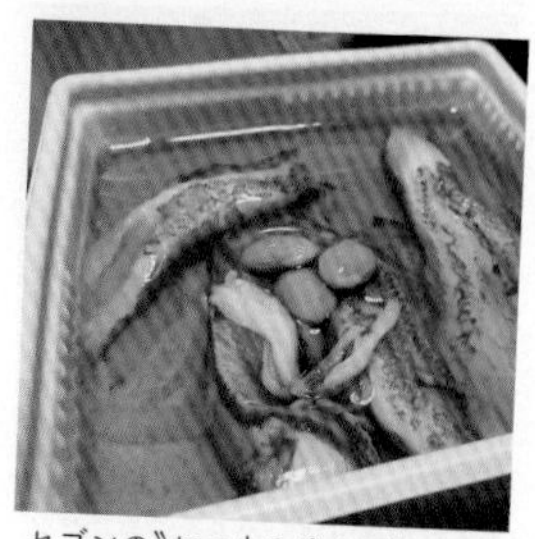

セブンの〝おつまみ冷や奴〟。豆腐が濃い。P.156

〝ピーマンまるごと肉巻き〟は包丁いらず。P.161

海老とトマトのサラダ。よい出来。P.166

ウスターソースかければ立派なおつまみ。P.191

笹塚「キャンティ」のカリブサラダ。P.171

蕪と蕪の葉っぱ、ハムを炒めたヤツ。P.196

冷製コンソメジュレ&フラン仕立て。P.221

カタログでチョイス。フカヒレ煮込み。P.216

私の唯一のお正月・数の子。P.211

冬キャンプで味噌鍋&ベーコンとプチトマトのアヒージョ。P.186

ハムと長ネギのアヒージョ。長ネギ甘し。P.301

トムヤムクン味のサバ缶の上にチーズ。P.236

紅ずわい蟹のトマトクリームドリア。P.201

焼き椎茸&オリーブオイル、七味、酢橘。P.291

豪華オツマミ弁当でリモート打ち上げ。
P.231

真ん中のささみは梅とワサビで交互に。
P.266

「つばめグリル」の帆立貝のクリームコロッケ。P.271

お刺身。まぐろはトロと漬けと。
P.146

「餃子の王将」ニラレバ炒めを出前で。
P.311

お寿司屋さんの焼き白子。P.306

50

50になりました。50年前の1970年6月10日午前5時51分。48センチ、2630グラムで生まれた私は50年の時を経て、身長は3・3倍、体重はなんと25・8倍大きくなりました。だいぶ前から自分の事を十分〝大人〟だと思ってまいりましたが、改めていろんな方から「半世紀生きた」と言われるとね。〝世紀〟って歴史の教科書に出てくる言葉だから。もう〝大人〟と言う表現すら若すぎるのではないか？ そんな謎の気持ちになるほど重みも感じる。

小さい頃、誕生日は「ケーキが食べられる日」「何かプレゼントあるかなぁ」とシンプルにワクワクする日だった。20歳越えてお付き合いする殿方の出現で、1ランク〝特別〟な日になる。あの頃はトレンディなドラマ観て、〝誕生日〟（〝クリスマスイブ〟〝年越し〟も）は彼氏と過ごすアニバーサリーDAYだと思っていましたから。ちょうどユーミンさんの「ANNIVERSARY ～無限にCALLING YOU～」も大ヒットして。だから最初の殿方が朝、私がバイトに行く前に置いていった1000円で100円くらいのコンビニスイーツを買っておいてくれただけで嬉しすぎて泡噴いて倒れたり。あ、一応ご存じの方も多いとは思いますが、私のお付き合いした方は〝働かない〟or〝ほぼ働かない〟だったのでこんなエピソードが続きますのであしからず。彼は私と誕生日が4日違いだったので真ん中の12日を〝二人の誕生日〟として彼の地元・神戸旅行をプレゼント。自分の通っていた学校や思い出の地を車で案内してくれたけど、実家に近づいた時「ここで待ってて」と急に巻かれた。この待っている間にカーレイディオから流れてきたダイアナ・ロス「If We Hold On Together」を聴くと、今でもなんだか寂しくなる。

たしか20代後半の誕生日、その時の彼に「私がお金出すから一緒に旅して」と今考えれば謎のお願いをし、レンタカーで行き先未定のドライブへ。「4つ先の信号右！」「10分まっすぐ」「次出てきた高速にのる」なんて言うのをしていったら最終的に福島のいわきに到着。夕暮れ時、素敵なヨットハーバーを発見。やっぱり〝かわいいオンナ〟だと思われたくて「わーっ！」なんてはしゃいで港のギリギリのとこまで走って海覗いちゃったりして。「見て見て！　魚がいっぱい！」としゃがんだ瞬間、履いていたGパンのポッケの中にある小ポッケに入れていたレンタカーの鍵がしゃがんだ際の腿の肉圧で押し出され、テトラポットにぶつかりながら海の中へポチャン。そんな事件もありました。

30歳になる時は今と違って「30歳で独身って……」みたいな空気、ありましたからねぇ。以前もちょっと書きましたが30になるのが怖すぎて、前日の6月9日は〝いつもよりちょっと高い1800円のワイン〟と〝ちょっと素敵なイタリアンなお惣菜〟を伊勢丹で買って自宅で一人、出来るだけ明るい気持ちになれるよう映画「プロジェクトA」のビデオ観ていた。時計の針が0時を指そうとする頃、ちょうどエンディングのジャッキーNGシーンだったんですけど全然笑えないどころか震えちゃって。0時の時報と共になんか号泣。恐ろしい幕開けでした。今思えば30代は体力がまだあるし、経験値もあるわけだから。そう言う意味では一番素晴らしい時間だったですけどね。

40歳の時は〝30の悲劇〟を繰り返してはいけない、と誕生日ジャストの日に〝お誕生日会〟の名目で単独ライブを開催する事に。オープニングでは2メートル四方の枠を作って、そこにでっかい半紙を貼って大きく筆で「40」の文字。松田聖子さんの「Precious Heart」にのせてそれを破って飛び出したんです。そう、文字通り〝40の壁を越えた〟のです。飛び出してきた目の前の客席には100人ちょっとのお客様達。めっちゃくちゃ温かい拍手と「おめでとう!」の声をいっぱい浴びせてくださいまして。その瞬間、なんか「あ、40代、イケる!」と。何がどうイケるのかはよくわからなかったですが、何かがすごく楽になった瞬間でした。

それから毎年6月、単独ライブをやってまいりまして。今年ジャスト50と言う事で数年前から計画して、10年ぶりにドンピシャ当日にやる予定でした。ただ残念ながら中止。しかもパーッとパーティだぜい！　みたいな世でもなく。あ、どっちみちそういうタイプではないか。とにもかくにもゆっくり誕生日となりました。

まず前日、40代最後の晩餐タイム。ホントにたまたまなんですが、ちょうど自炊で作ったけどちょっとだけ余っちゃった、みたいなのが溜まってきていて。さすがに食べなきゃ、となりまして。食べかけのがんもの煮物、食べかけの豚肉とキャベツのカレー炒め、食べかけのお新香などなど。それをツマミに缶ビールをプシュッと開けてグビリグビリ。一人そのまま0時を越え、迎えた50歳。どこか30歳になった瞬間と似ている気もしますが、〝自分が強くなった〟もあるし、〝こういう時だから〟の理解も頭がちゃんと出来ているんでしょうね。意外に寂しくないと言うか。いや、寂しいどころか幸せでした。

だって10日になると黒ちゃんが「何か食べたいものあったら言って。くーちゃんイーツするよ！」と連絡くれて。結局10日の夕方、空見たら夕立がくるかも、だったのでご遠慮しましたが。嬉しかった。イモトもつたないピアノの弾き語りで「Happy Birthday to You」歌う動画送ってくれたり。他にもみんながくれた御祝メールやLINEを一つ一つ噛みしめながら返信したりして。その返信がだいぶ速かったようで「きっとこの人寂しいんだろうなぁと思った」とのちに文化放送・砂山アナに言われてしまいましたが。そして翌日11日には仲良し・大久保さんが大好きなイタリアンのお店のテイクアウトを買ってお祝いしてくれまして。「前の日注文に行った時『明日お祝いしたいんですけど』って言ったら、店員さんに『あ！　あさこさんの？』って言われたよー」と。この年でそんな認知されているくらいの仲良しがいるのも本当に幸せ者だ。

ここ数年、私の目標は「生きる」の一言。本当に一日一日を大事にしながら50歳、そして50代を進んで行きたいと思います。〝50〟。その響きの潔さ、なんか好きだなぁ。どうぞ〝50あさこ〟もよろしくお願いいたします。

〈今日の乾杯〉在宅生活で始めたぬか漬け。一人暮らしには自分の好きなように少量から作れるからMyぬか床サイコー。今の所№1は大根。ちょっとツマミが足りない時、出してきてパリポリパリポリ。至福の時。

はじめての外食

はじめて、は言い過ぎか。先日、3ヶ月以上ぶりになりますかねぇ。自粛生活始まって以来〝はじめて〟の外食、してまいりました。

わたくし、料理は小さい頃から好きでして。小学生の頃は新聞の日曜版に出ているお料理の記事を切り抜いては作ってみたり。20代、愛読書は「オレンジページ」「レタスクラブ」。食器なんかも見ると「あれ作って乗せたら美味しそうだよなぁ」なんて考えたり。そのくらい料理は好きなんですけどね。

40代に突入してからはほぼほぼ外食。特に夜。まあ外〝食〟と言うより外〝飲み〟ですが。やっぱり一人分の何かを作ろうと思っても、食材がどうしても余りがちで。でも毎日帰る時間もバラバラで、地方や異国に泊まる事も多い。となると余った食材をダメにしてしまう事も。だったら近所の居酒屋さんに行って、いろんなものをちょこちょこいただいた方が美味しいし、栄養的にもいいし、無駄もない。

そんなほぼ〝外食族〟だった私も3月半ばくらいからずっと自炊。しかも気づけばだいたい小松菜炒めるか練り物煮るか。あ、練り物焼くか、ってのもありました。はい、練り物多めです。いやはや、改めて毎日いろんな料理を美味しく作ってくれていた母ちゃんを尊敬。もう自分で作っているとだんだん自分の味に飽きちゃったりして。だから時折、よく行っていた近所のお店のテイクアウトを買いに。当たり前だけどプロの味の凄さも再感動。一人部屋で「あー」「ねー」「はぁ」と感嘆詞オンパレード状態でいただきました。

そんな私が近所の仲良し飲み仲間のオアシズ大久保さんと話すと言ったら〝自粛が明けたらどこに飲みに行くか〟。「あそこのキャベツと豚煮たヤツでワイン！」「いいねぇ」「あ、焼鳥屋さんの鶏しゅうまいもマストじゃない？」「たしかに！」でもいつも最終的な答えは「お寿司屋さんかな」と。お互いの家の中間地点辺りにある小さな町のお寿司屋さん。何回か行くうちにだんだん大将がいい感じのおつまみを出してくださるようになりまして。何も言わなくてもですよ。それが全部ちゃんとうちら好みで美味しい。しかもお寿司ってやっぱりご馳走だから〝お祝い〟な感じもしますしね。「よし。やっぱりお寿司だな。」

そんな会話をこの自粛期間中に何度したかわかりません。そう言えば以前、〝食〟がどれだけ〝大事〟で〝必要〟なものかを思い知らされた出来事が。20年ほど前、「進ぬ！　電波少年」〝15少女漂流記〟と言う企画で無人島にて暮らした時の事。結果半年でしたけど、やっている最中は〝有人島に到着でゴール〟だったのでいつまでやるのかまったく予想もつかず。〝いつ終わるかわからない〟にみんな何度も心折れました。タイトルの通り15人の女子で始まったこの企画。最初はバナナが生えていたから「美味しい美味しい」食べていたけど、あっという間に無くなり。その後は海で〝アワビ〟と呼んでいた十円玉くらいの大きさの小さな一枚貝を拾ったり、草むらの中から出来るだけ柔らかそうな葉っぱを摘んできたり。でも15人いますから正直なんの足しにもならず。そうなってくるとみんなの目、死んじゃうんですよね。そりゃあそうです。24時間ずっとお腹空いているのに脱出の為のイカダを作るべく、材料の木や蔓を探し回ったり。水を汲みに片道1時間以上かけて、崖を2つも越えて行くなどなかなかハード。

そんな状態だからこそ、夜とかいろんな話でもしそうなもんですけどね。もう喋ると言ったらみんな食べ物の話ばかり。自分のよく行っていたお店の事とか、好きな料理の事とか。時間つぶしに始めたしりとりもすぐ食べ物に。

「しりとりの〝り〟。」「りんご。」「んー、ごま。」「まんじゅう！」「あー、美味しそう。んー、ウインナー。」「焼いて食べたい！　じゃあ、ナスグラタン……〝ん〟がついちゃった。」

「……。」

そうして過ごした半年間。日本に戻ってきてからある事に気づいて愕然とするんです。私、この仲間たちの事、何にも知らない。だって食べ物の話しかしていないから。だから〝この人の行きつけのハンバーグ屋さんが東中野にある〟とか〝この人のおばあちゃんが作る豚キムチはまず豚をカリカリになるまで焼く〃とか。そういう事ならいくらでも出てくるんですよ。でも〃今までどういう人生を歩んできた〃とか〃これからこうしたい〃とか何にも知らない。半年、体力的にも精神的にもキツい中、一緒に踏ん張ってきた仲間の事を知らないなんて。でもそれだけ生きるにあたって〃食〃が大切なんだ、と実感したのも確か。

話がちょいと逸れてしまいましたが。そんな訳で私にとって〃食〃は大事でございます。3ヶ月ぶりの外食は大げさじゃなく泣けてくる位の多幸感と申しますか。お寿司屋さんに向かう道中、もう顔が笑っちゃって。マスクなかったらだいぶやべぇヤツ。マスクはいろいろ助けてくれるなぁ。

暖簾をくぐると大将の「いらっしゃいっ！」の声。ああ、嬉しい。席は半分くらいに減らし、私と大久保さん以外にはご夫婦1組と男性お一人のみ。いつも最初に頼む瓶ビール。瓶ビールはどこで飲もうが一緒だとは思いますが、人様が用意してくださったコップ。あと瓶ビールの袴って言うんですか？　木製のビールの水滴キャッチしてくれるヤツ。そんな一手間が瓶ビールをひと味もふた味も美味しくしてくれる。そして大将の握ってくださったお寿司やおつまみをゆっくり静かに味わいまくりんぐでいただいていく。気づくと自然に「幸せだなぁ」と何度も言っている自分がいた。仕方ない、本当に幸せ感じちゃったから。

100％で「よし！　〇〇行こう！」みたいになるには正直まだまだかかるかな、と思いますが、たまにこうやって大事な一食を大事な仲間といろんな意味で噛みしめる、そんな時間がもてたらいいな、と思っております。さ、今宵もいつも以上に感謝をしながら……自宅で一人、練り物と残り野菜煮たヤツで晩酌といきますか。〝食〟よ、ありがとう。

〈今日の乾杯〉これが〝はじめての外食〟の〝最初の一皿〟お刺身です。生もの自体かなり久しぶり。まぐろもトロと漬けと。この味わいであっという間に日本酒いっちゃった私をお許しください。

雨女

雨女。辞書によると「催しに参加すると、その人のせいで必ず雨が降るといわれる女性」との事。もし本当にそんな人がいるならば、それはもうもの凄い力をもった特別な人だと思う。ただ以前バリに行った時に〝レインストッパー〞と言う、その名の通り雨を止ませる人の存在を聞きまして。結婚式に呼んで、もし雨が降ったら料金全額お返しするくらい百発百中に近い確率で止むのだそう。そう聞くと逆の〝雨女〞がいてもおかしくないか。

ちなみに自分はと言うと〝プライベート雨女〞と言ったところでしょうか。昔からどこかにでかけるとお天気があまりよろしくない。例えば中高時代の部活の夏合宿。毎年陸上同好会と天文班の2回合宿があったのですが、陸上の時に昼間雨が多く、天文の時は夜雨が多かった。要はそれぞれの大事な時間帯に雨が降ってしまうのです。ある日、先輩が気づきました。「あれ？　伊藤さんって、両方に所属しているよね？」その日から私に〝雨女〞のレッテルが。今思えばその先輩も同じかけ持ちだったので、あちらが雨女、の可能性もありますが。

あとひどかったのはあさこ21歳、真夏の晴れた日の事。友達と遊園地に行ったのですが、ジェットコースターに乗っていると突然全身に小石を投げつけられているかのような痛みが。なんと、まさかの季節外れの雹（ひょう）が降ってきたんです。ジェットコースター側だってそんな事起こるなんて思ってないからそのまま走ったもんで、それまで可愛い声で「キャーッ！」なんて言っていた人全員、深めの声で「痛い！　痛い！」と。

　そんなこんなで自分は〝雨女〟と思いながら生きてきました。ただそれがこの仕事をするようになってから、仕事の天気運がいいんですよね。もちろん100％ではないのですが、ロケの時はほとんど晴れ。梅雨の時期でもお店など室内にいる時には雨が降っているけれど、外歩きの時には止むか、降っても小雨。一度大久保さんと行った北海道ロケで坂の上にあるお店に行くのに、登っても登っても下がってしまうほどの猛吹雪にぶち当たった事がありましたが、それはもう〝面白い〟と言う事でよしとしましょう。

　それがこの自粛生活によるブランクで運気が変わったか？　と言う事が。先日オンエアになりました「世界の果てまでイッテQ！」の〝いとうあさこのミステリーツアーin鳥取県・島根県〟。砂丘をもの凄いスピードで転げ落ちたり、ママチャリで長くキツい坂を駆け上がったり、まさかの大人の事情でカットでしたが濡れた崖を鎖で登ったり。こんなにも日本で体を張る事があるのね、と言うくらいちゃんとハードで、もうどこが何の筋肉痛かわからないほど全身痛くなりましたが実に3ヶ月ぶり、そして50歳初ロケ。うん、なんか、嬉しかった。

そんなロケ初日は朝から大雨&かなりの強風。天気予報を見るとロケ期間中は梅雨真っ只中でお天気いい日がない。ギリギリ曇りが一日あるかな、な感じ。なのにうっかりロケ内容が屋外のものが多く正直かなりの不安が。だってこのまいくとせっかく久しぶりの〝ミステリーツアー〟がお蔵入りになってしまう。その不安を煽るかのように雨は止むどころか強くなる一方。予定を繰り上げて出来るロケもその日は無いと言う事で初日早々ロケ中止となってしまいました。

何が〝プライベート雨女〟だ。いくら梅雨とは言え、どうすんだ今回。自分の〝ロケ晴れ女〟の力のなさにただただガックリしていたその時。……あれ？　待てよ。実はこの日は6月25日。サザンオールスターズのデビュー42周年記念日。サザン様が横浜アリーナからの無観客生配信ライブをなさる日だったのです。実はこのニュースが出た日に即行チケット購入したのですが、ロケが入っていたので生で拝見する事は諦めておりまして。日曜までアーカイブでいつでも観られるとの事だったので、ホテルに戻った夜中とか移動中のバスの中で観まくろう！　と思っておりました。それがまさかの、ロケ中止。と言う事はこれまたまさかの、観られる。いや、ロケ中止でガッカリ&不安も本当ですよ。超ホント。ただね、どこかニヤつき出しちゃったのもホント。なんかすいません。

と言うわけでホテルの部屋をライブ会場に大改造スタート。と言っても近くのコンビニで缶ビールを買い込み、ホテルのWi-Fi状況を確認。部屋の窓も「いや、危なくない?」と言う程開いたので、換気も完璧で準備完了。時々止まってしまうWi-Fiを何度も励ましながらライブスタートの20時に。

結果、最高のライブでした。そりゃあ生で参戦するライブの凄さと興奮はもちろんですが、こんな時だからこその、こんな時にしか観られない、特別なライブ。一緒になっていっぱい歌い、いっぱい動き、いっぱい「ありがとう!」って叫んだ。そしていっぱい泣いた。でも悲しい涙じゃなくて全部〝幸せ〟から来るヤツ。最初、皆さんがステージに次々に登場、だけでも感情が爆発しそうに興奮したところに1曲目「YOU」のイントロの優しさ。時折映るスタッフさん方の舞台袖で拳をあげている背中の力強さ。そしてデビュー曲「勝手にシンドバッド」ではもの凄い数のダンサーが客席に登場し、華やかさマックスの多幸感。挙げたらキリが無いほどの幸せを山ほどいただき、そのたびに感動で涙流れまくりでした。

そして〝恐怖を感じるほど開いてしまう〟ホテルの窓からは、湿っているけど気持ちのよい風が。もうフェスだわよ。って行った事ないけど。もうあの感覚は超フェスです。ええ、きっと。そんなわけで大量の幸せに心を洗われまくった私。それでエネルギー充電出来たからかな。翌日からロケは奇跡が起きまくり。そしてちゃんと予定通りに全てのネタをやる事が出来ました。ホントに「スタンド！　アリーナ！　ありがとなぁ！」です。これから先どういう状況になっていくかはまだまだわからず「不安がない」と言ったら大ウソですが、とにかく元気にふんばっていこうと思います。そしてそして最後に、いつもいっぱいのパワーをくださるサザンオールスターズの皆々様。42回目のお誕生日おめでとうございました。ありがとなぁ！

〈今日の乾杯〉時々無性に食べたくなる春巻き。好みは皮薄目のパリパリで、具にタケノコなど歯ごたえのあるものが入っているヤツ。それを酢醤油と辛子で。今日は中華屋さんで買った春巻きをお皿に移す時間も我慢出来ず、そのままかぶりついてビールをグビリ。

育てる

人生50年振り返ってみるといろんなものを育ててきた。ま、〝育ててきた〟なんて言い方はおこがましいですが、小学校の宿題で朝顔とかヒヤシンスとかヘチマとか。ヘチマなんかは夏休みに大きくなった実を収穫して、干して束子(たわし)を作ったり、茎のところを切って〝ヘチマ水〟を瓶に溜めたりした。

〝生き物〟だと「チョウチョを育ててみよう」という事で、校庭に植えられていた菜の花の葉っぱの裏や茎の間などを探して見つけた青虫を飼育ケースに入れて自宅に持ち帰り、飼育スタート。教科書に出ている〝モンシロチョウの育て方〟を見てキャベツをあげてみる。虫は苦手でしたが、一生懸命食べる姿を見ているとだんだん愛情が湧いてきた。でも何かおかしい。大きくなるにつれ、教科書に出ている黄緑色ではなく、どんどん焦げ茶のような深い色に。そしてある時からキャベツもほとんど食べなくなり、葉っぱの下で過ごすようになっていく。「どうした? 具合悪いの?」少女あさこは葉っぱの下の〝焦げ茶の我が子〟に何度も話しかけたがどんどん動かなくなっていった。でもそれは具合が悪かったからではなく、数日後サナギになったのです。サナギになる為の準備をしていたんです。ただですねぇ、これがまたおかしい。サナギの色も、焦げ茶。また焦げ茶です。写真ではモンシロチョウのサナギは〝青虫〟カラー。しかも飼育ケースの蓋の裏にくっついてサナギを作るらしいのですが、〝我が子〟ったらキャベツの下でゴロン。

皆さん、こう思っていませんか？「それ、モンシロチョウじゃないんじゃないの？」そうです。その通りです。いやね、今思えば最初菜の花で見つけた時の動き、完全に尺取り虫系だった。うん、絶対にチョウチョじゃない。ただこの時の私はモンシロチョウだと思っていますから。この下に〝落ちちゃった〟サナギをなんとか蓋にくっつけてあげなきゃ。どうしよう。幼いながらにいっぱい考え、思いつきました。「そうだ。セロテープで貼っつけよう！」……ひどいよね。でも違う生き物だと思いもしない私は〝蓋にくっつく〟が正しいサナギのあり方だと信じていたのでお許しを。

その数日後、父が気づきます。「麻子、何故サナギをセロテープで留めている？」かくかくしかじか今までの経緯を説明すると、大人って凄い。すぐに「これはモンシロチョウじゃない」と。兄と二人でいろんな図鑑を見て調べてくれて。そして「あれは蝶じゃなくて蛾だよ」と言う、あまりにショッキングな事実を突きつけられる。サナギが下にあるのもおそらく土の中でサナギになる種類だと。結局〝焦げ茶の我が子〟は土に返す事に。あんなに可愛がっていたのに寂しい、というより急激に怖くなったあの瞬間、今でも忘れない。

あと小学生の定番と言えばメダカ。水槽に水草を入れ、8匹ほど育てる事に。あれは飼い始めてから数週間経った頃、朝餌をあげる為に水槽を覗くと何かがおかしい。その何かはわからないのですが漠然と違和感が。まあでもみんな元気に泳いでいるし気のせいか、なんて思いながら学校へ。そんな事が数日続いたある朝、その違和感が何か、はっきりとわかりました。メダカが減っている。3匹しかいない。でも水の中を見ても特に変な所がない。謎のメダカ連続失踪事件。多分違和感を感じたあの日から少しずつメダカちゃんが減っていっていたのかも。

この理由もその数日後、判明。いつものように水槽を覗くとメダカちゃんは1匹だけ。しかもその1匹がもの凄いスピードで泳いでいる。どうしたのかと思ってよく見ると、その1匹を追いかける黒い影が。私は子供とは思えぬ低い音で「ギャッ」と言った。ヤゴです。トンボの幼虫ヤゴが最後のメダカを追いかけているのです。その長細い姿の気味の悪さは忘れられず、その後映画「風の谷のナウシカ」のヘビケラを観て再び震えたほど怖かった。とにかくそのラス1ちゃんを必死に網で救い出す。おそらく水換えの際、〝入れ換える水は一度日光にさらす〟と教わったので桶に水を入れて庭へ出しておいた。その時トンボが卵を産んだのだろう。ヤゴは水草に隠れていたのでしょうが、大きくなるまで気づけなかった事が悔しかった。

そんなこんなで意外に傷ついてしまった幼少期の〝育て〟体験。大人になってからは鉢植えを何度か。でもこれも失敗の連続。20代、クリスマスにポインセチアが流行った時は飛びついて買ってみたものの、翌年以降葉っぱが赤くなる事はなく。「誰でも育てられるよ」と言われ、サボテンも何度もチャレンジしましたが上手に出来ず。特にひどかったのは〝恋人同士のように二つ並んだハート型のサボテン〟。一生懸命お世話していたのですが最終的には黄色く&薄っぺらくなり、二つが寄りかかるように死んでしまった時には「もしやもう二度と恋が出来ない暗示!?」と不安になったものです。

大久保さんとお正月旅行で行った屋久島でも〝サボテンより丈夫〟と言われたガジュマルの木を購入。これも半年くらいは頑張ってくれたのですが、まるで逃げようとしているような謎の前傾姿勢でダメになってしまった。

それ以来、もう絶対に植物は育てないと決めていたのですが、今年の誕生日にサボテンちゃんを頂戴いたしまして。正直、数々の植物をダメにしてきた私としては気が重く。でも緑にピンクのサボテンが接木してあり「2つの命が同居しているので生命力が強い」との事。水やりや置き場所など詳しく書いた紙もいただいたので、なんとかそれを見ながら育て始めました。それが新しく葉っぱが出だした途端、急激に愛情湧きまくりんぐ。ただこないだスカートがトゲに引っかかってグッとなった際、「あら、何この子。お母さんにどこにも行って欲しくな〜いの？」と自然に喋ってしまった時には一回落ち着こうと思いましたが。最近ではしばらく使っていなかった長ネギが冷蔵庫の中で伸びているくらいしか自宅で〝生命〟を感じていませんでしたが（あの黄色いとこ美味しいですよね）。新たなるサボテンちゃんとの暮らし、どうか続きますように。

〈今日の乾杯〉やべぇヤツ、見つけちゃったぜ。セブン-イレブンの「おつまみ冷や奴」。まずお豆腐が濃くて美味しい。しかも最近〝ホントの蟹より好きかも〟なカニカマがたっぷりで。そこにかける白だしポン酢もたまらない。ああ、これがハマった、と言うのね。

絵本

先日、森でロケをしたらブヨに刺されまして。数々のロケでいろんな虫に刺されてきた私。一度フィリピンの無人島で、現地で〝ニックニック〟と呼ばれているアブに全身100カ所以上刺された時はさすがに病院に行きましたが、基本はほったらかし。それが今回のブヨは右腕を三カ所刺されたのですが、もう肘がどこかわからないくらい腫れ上がってしまいまして。それをラジオで話したら皆さんから〝ブヨはやべぇ〟メールがたくさん来たので、ラジオ終わりのその足で近所の皮膚科へ行ってまいりました。すると私の腕を見た先生が一言。「点滴！」え？　そんなに？　でもおかげさまで処置が早かったので腫れはおさまりまして。今は毎日薬を塗り塗りしております。

その皮膚科に行った時、夏休みもあってか待合室にはお子さん連れのお母さんお父さんもチラホラ。病院の待合室と言うと絵本が置いてあって、お子さんたちは親御さんに読んで貰っているイメージがありましたが、コロナのせいなのか元々なのかわかりませんが絵本はなく。皆さん、歌を歌ったりしりとりをしたりして待っていました。私はちっちゃい頃、ちょいとだけ病気がちでよく病院に行っておりまして。そんな時、〝診察〟と言う未知への恐怖から来るドキドキを軽くしてくれたのが待合室の絵本でした。今より〝あんパン〟感が強めだった「アンパンマン」や「ひとまねこざる」シリーズはよく読んだな。虎が木の周りをグルグル廻って出来たバターがたまらなかった「ちびくろ・さんぼ」は今でもウチにあります。「ぐりとぐら」の大きいお鍋で作ったホットケーキも忘れられない。

名作はいくら挙げてもキリが無い。中でも小さい頃も大好きで、今でも愛して止まないのが「うさこちゃん」。今は〝ミッフィー〟と言った方が伝わりますかね？　ただ私の小さい頃は〝うさこちゃん〟でした。そんなうさこちゃんの誕生65周年を記念した〝ミッフィー展〟を見に、先日松屋銀座に行ってまいりました。最初、銀座の近くにいた時に「今日、帰りにミッフィー展寄ってこう」なんて思っていたのですが、コロナの感染予防対策で人数制限をしておりまして。しかも人気だから〝今日の今日〟でチケットがあるわけもなく。ホームページで探していくと1週間後の朝一、10時なら若干の空き発見。即行ローソンに行ってチケットをゲットしました。

そっからの1週間は♪WAKU WAKU させてよぉ〜うううううはぁ〜、と自然にミポリンを口ずさんじゃうくらいウッキウキ。当日の朝なんて松屋開くの10時なのに9時過ぎには行っちゃって。スタバでコーヒー飲んじゃって。そんなこんなで行った〝ミッフィー展〟。一言で言ったら、最高、でした。まずはとにかく可愛い。もっちのろんろんですね。懐かしい絵本の原画、鉛筆で描かれた下絵、なぜ採用されなかったのかわからないほど可愛いけどボツになった作品まで、ものすごい数のうさこちゃんが飾られている。作者のディック・ブルーナさんの映像も会場で流れておりました。想像通り、いや、想像以上に優しさに満ちあふれたお顔。しかもペンでスッと描いていると思っていたら筆で少しずつ少しずつ、本当に丁寧に描いていた。

そしてご存じの方も多いかもしれませんが、〝うさこちゃん〟が何故〝ミッフィー〟になったのかも初めて知った。最初は〝うさこちゃん〟として絵本が発売されたのですが、その後違う出版社が絵本を出す時に世界でよく使われていた〝ミッフィー〟に変えたとの事。ただ私にとって更に衝撃だったのが〝ミッフィー〟は英語圏で広く使われていただけで、本名は〝ナインチェ・プラウス〟だと言う事実。ガビーン。知らんかったぜ。オランダ語で〝ナインチェ〟は〝小さいうさぎ〟、〝プラウス〟は〝フワフワ〟の意味。つまり直訳すると〝フワフワな子うさぎ〟。そう思うと石井桃子さんの〝うさこちゃん〟と言う訳はシンプルだけど、原作の雰囲気そのままの素晴らしいタイトルだなぁ、と改めて感動。

じゃあ今度は何故〝ミッフィー〟？　調べてみると絵本を英訳した際、タイトルを「ミッフィー・バニー」にしたそうで。この〝ミッフィー〟は英語で〝すぐ腹を立てる〟と言う意味なので、直訳したら〝プンプンうさぎ〟って感じ？……何故？　口がバッテンになっているから怒っているように見えたのかなぁ。うん、やっぱり〝うさこちゃん〟、いいね。

展示会の最後にあるグッズ売り場には信じられない種類のうさこが並んでおりまして。もう「あれも欲しい！　これも欲しい！」が止まらず、売り場の入り口で渡された袋にどんどんうさこグッズを入れていく。すると小さな姉妹とお母さんの会話が聞こえてきた。どうやらお姉ちゃんと妹ちゃんが欲しいグッズの柄が違ったようで「二人欲しいものが違う時はどうするんだっけ？」とお母さんが聞くと、子供達は声を合わせて「相談するぅ。」か、可愛すぎる！　いい子すぎる！「お母様、良い子に育てましたね。」関係ないのにかなり愛おしい目でその家族を見つめてしまった。

ただはたと気づく。この子たちは二人で一生懸命話し合って一つのものを購入しようとしている横で、私は「ああ、これもいいなぁ。」「いやぁ、もうこれ絶対使わないけど可愛いから買っちゃおう！」と次々に商品を手にしている。一瞬羞恥心でいっぱいになりそうになりましたが「ごめんね、おちびちゃんたち。でもこれが、大人になると言う事なのだよ。」と心の中で言い訳をしてレジに向かいましたとさ。

大量買いしたグッズの中に絵本二冊も。一番最初に読んだ「ちいさなうさこちゃん」と、これまた命名センスにシビれたブタの〝ふがこちゃん〟が出てくる「うさこちゃんとふがこちゃん」。暑い夏を、そしてなかなか落ち着かないこの世の中を、この二冊を読みながら少しても優しい気持ちで過ごしていきたいと思います。
それにしてもやっぱり姉妹だなぁ。私の年子の妹も娘を連れてミッフィー展に行ったようです。同じ絵本読んで育ったんだもんね。あのどちらを買うかで話し合っていた姉妹ちゃんも〝うさこちゃん〟と一緒にこれからも仲良くね。

〈今日の乾杯〉ボルサリーノ関さんのYouTube観てすぐに作った〝ピーマンまるごと肉巻き〟。包丁いらず。ピーマンのヘタを指で中に押し込んで、そこにチーズを詰めて肉で巻いて焼く。それにお醤油ベースのタレを絡めて出来上がり。え？　どうしてすぐに作ったかって？　なんでもピーマンの種が〝薄毛〟に効く、って言うもんだから……。

1時間ちょっとテレビ

今年43回目となる「24時間テレビ」。私は『日本全国音色を重ねるイッテQ！　女芸人リモートリコーダー合奏』と言う企画に参加。何でも全国の子供たちとリモートで合奏するとの事。いやいやいやいや。こちとらリモートでの合奏、合唱は不可能と聞いておりますよ。だから春に大久保さんと本田兄妹あやのちゃんとやった〝リモート飲み生配信〟の時だって、大久保さんがずっとやりたかった〝ハモネプみたいな事〟を諦めたんですから。いくらやってもズレてしまい、「じゃあいっその事、輪唱しよう！」ってなったけど、結局それもズレまくりで。ちゃんと〝不可能〟を体感しているんですから。

あともう一つ問題が。参加する子供たち、リコーダー、めちゃ上手。全国大会レベルだったり、ソロで金賞とったりしているとの事。いやいやいやいや再び、ですよ。確かに私たちも「イッテQ！」で4月にリコーダーやりましたよ。やったけどあれから数ヶ月。おばちゃん達、忘れちゃっています。と言うかそもそものレベルが〝月とすっぽん〟ですしね。なのに企画を告げられたのは本番10日前。ふんどしこそはいてないので締め直せませんが、気分はまさにそれ。かなりの凄い子たちとやる上に、うちらは恐ろしくも国技館で生演奏。しかもみんな、今回のコロナで行く予定だった全国大会が中止になる、と言う悔しく悲しい思いをしていて。その大会も3月だったので最後の大会に出られず卒業した先輩の気持ちも背負い、今回参加を決めてくれたそうで。本当に本当にちゃんとやらねば。

そっからのおばさん達の〝よしやるぞ〟はすごかった。なかなか全員揃うのは難しかったですが、出来うる限り連日リハーサル室に集まっての練習三昧。私は今回もピアノでの参戦で。「イッテQ！」の時は自宅の電子ピアノで演奏しましたが、今回は国技館に何やら〝すごい〟グランドピアノがあってそれを弾くらしく。となるとやはり家にある電子ピアノじゃ鍵盤の重さが違うので、本番の〝すごい〟ヤツではないですがリハ室にグランドピアノを用意していただき弾きまくった。

今回、曲はディズニーメドレー。柔らかいメロディの「ホール・ニュー・ワールド」から始まり、「エレクトリカルパレード」「アンダー・ザ・シー」の全3曲。特にラストの「アンダー・ザ・シー」は盛り上がっていく分、鍵盤を強めにたたくもんで50歳の手首は2時間ほど弾いていると「キャー！」と聞こえたんじゃないかってくらい、しっかり悲鳴をあげてくる。両手首に肌色の湿布を貼った姿は情けないけど仕方ない。とにかくみんなの足を引っ張らぬよう、繰り返し練習あるのみです。

とは言え朝から晩まで稽古している日はやっぱり途中、キャイのキャイのしちゃいますよね。だって女の子だも……すいません。おばさん達の井戸端会議です。最初は「練習大変だ」から始まって。「子どもたちは夏休み、家でどうしてるの?」とか。「ぬか漬けでまだキュウリやってないならやった方がいいよ。最強。」とか。

そっからだんだん健康の話へ。誰かが「最近ココが痛いんだけど」と言えば「あ、いいお医者さんいるよ」「そこ私も行ったけどめっちゃ痛いよ」「でも超効くんだよ」。一番盛り上がる。他にも大島ちゃんがNizi Projectの曲を何曲も流して〝それっぽいダンス〟踊ったり。

あと〝オカリナ大食い事件〟なんてのもあったなぁ。その日は5、6人で自主練していて。お腹すいたのでお昼にUber Eatsでお弁当を頼むことにしたんですが「今日は途中でお昼いらないようにめっちゃ朝ご飯食べてきて超お腹いっぱいです」と30分前に言っていたオカリナがまさかの〝ご飯大盛り〟〝コンビニのミニ冷やし中華追加〟という暴挙に。しかも「お腹いっぱいでこれだけ美味しいんだから、お腹すいてたらもっと美味しいんだろうな」だって。

最高だぜ、オカリナ。

そんなこんなで本番当日の朝。私はラジオの生放送の後、リハの為に国技館に向かった。途中、車で通る道がなんか見覚えあるな、と。そうです。昨年走った道でした。もう国技館の近くに来た時は記憶があまりないけれど、あの暑さともの凄い数の人が応援に来てくださっていたのは忘れない。そんな事を思い出して、ちょっと胸がギュッとなりながら国技館入り。

本番のピアノは想像以上に立派で。鍵盤は象牙で使い込まれた色。お稽古に使っていたグランドピアノだってなかなかでしたが、更に鍵盤の重みがあり。音色も柔らかいので弾き方もちょいと変えていくか？　と知らないピアノにただただアタフタしまくりんぐ。そんな事はお構いなしに時は過ぎ、気づけばあっと言う間に本番タイム。

リモートで各所が映し出されると、うちらとお揃いのバンダナをみんなもしていて。髪に結んだり、腕に巻いたり、大きなリコーダーの人は笛につけたり。ホントにちょっとの事だけど、〝一つ感〟が嬉しかった。三重県の小学生11人、新潟県佐渡の中学生8人、北海道のリコーダー3兄妹、そしてうちら12人の総勢34名。あ、あと途中ひとっぷし吹いた羽鳥さんもプラスしたら35名が4カ所からリモートで奏でたリコーダー合奏。

正直この先どうなるかわからない不安があったり、暑い夏なのにフェイスシールドをつけての練習など、本当に大変だっただろうに、みんなの出す音は優しくて、楽しそうだった。あさこおばちゃんは緊張のあまり、最初の方で指が引っかかっちゃったのが悔やまれるが、とにもかくにも素敵な時間だったのは間違いない。そしてこうやってリモートで話をしたり合奏をしたり出来る世の中になったんだなぁ、と発展していく未来のひとかけらをおばあちゃんのようにしみじみと噛みしめたりして。結局うちらの出番は24時間中〝1時間ちょっと〝でしたが、いっぱいいっぱい〝楽しさ〟や〝夏らしさ〟を感じられる濃い時間になりました。
北海道、佐渡、三重のみんな、本当に本当にありがとう。すごくすごく素晴らしかったよ。ただやっぱり次は直接会って、ちゃんと息を合わせて演奏したい。そんな日が早く来たらいいなぁ。

〈今日の乾杯〉仲良しの大久保さんに美味しそうなレモン入りオリーブオイルを頂戴しまして。それについていたレシピメモから〝海老とトマトのサラダ〟を作ってみました。茹でた海老とプチトマト、みじん切りのタマネギにオイルと塩コショウだけ。暑い夏にさっぱり。最高でやんす。

声かけ

言葉って大事ですよねぇ。若い頃は〝言わなくてもわかる〟神話を信じておりましたが、大人になった今は〝考えていることは言葉で伝えないと相手はわからない〟と思うし、〝相手がわかっていたとしても言葉にした方が気持ちがいい〟という考え方になりました。別に何かあったわけではなく、単純に自分がそうしてもらった方が嬉しかったからってだけなんですけどね。

ただ年々その対象が人間だけじゃなくなってきている、と申しますか。まあ昔っから使い古した何かを捨てる時に「ありがとね」なんて言いながら捨ててはおりました。前々回にも書きましたが、我が家のサボテンちゃんに話しかけるのは今や日常。めっちゃ気分よく目覚めた朝は「おはよう！」とつい窓を開けるタイミングで空に言ってしまう事もある。「アルプスの少女ハイジ」や「キャンディ・キャンディ」の世界ならそういう時はベランダの手すりに可愛い小鳥が数羽止まって「おはよう！」と返してくれているかのようにピーピー鳴いてくれるのでしょうが、現実は最後の力を振り絞って飛んで来た蝉が一回ジジッと鳴くくらい。

そして先日、とうとうブルーレイディスクレコーダーに話しかける、と言う出来事が。そう、あれは忘れもしない……なんて劇的な口調で話す事でもないか。8月23日日曜日。私はここ十年近く、地方局も含めて毎年24時間テレビに土日両日参加してまいりましたが、今年は最少人数で、と言う事で土曜日に全国の子どもたちとリモートでやったリコーダー合奏のみの参加でした。なので10年以上ぶりに自宅で日曜日の24時間テレビを観る事に。

その日は友人と一緒に観たのですが、ふとウチのテレビ環境を見て一言。「え？　全録じゃないの？」全録。全部録画、か。確かに小さい頃からめっちゃくちゃテレビっ子な私。とにかくいろんな番組を観る。しかも後からネットニュースや人からの情報で「え⁉　そんな番組やってたの⁉」となる事も多く。そのたび全録の知人に言ってＤＶＤに焼いていただくというとんだ迷惑ヤロウをしておりました。

その上この数ヶ月レコーダーの調子も悪く、録画が途中で止まっちゃうなんて事も結構ありまして。どこ切り取っても「あさこは全録を買うべき」の結論に。ただ今までずっと〝壊れたら次を買う〟で生きてまいりましたから、わたくし。その日は「まだ使えるしねぇ」なんて言って終わったんですよ。

そっからです。レコーダーの具合が一気に悪くなったのは。急にカッチカッチ音をたてながら、ランプが点滅。繋がっているテレビは映るけれど、録画している番組は観られないなどころか一覧表にもいけなくなってしまった。実は私、電化製品って生きてる、って思っておりまして。あ、そんな不思議ちゃんキャラとか夢見る夢子さんに憧れている、とかじゃないですよ。なんて言うのかなぁ。タイミングだと思うんですけどね。なんか「そろそろ買い換えようかなぁ」とか「この新しいヤツ、性能いいなぁ」みたいな事を考えている時、その電化製品が壊れる事が多くて。しかもそれで「仕方ないな」なんて新製品買ってくると直る、みたいな。本当にその確率が高いもんで〝電化製品は生きてる〟説を申し上げました。となると私の行動はただ一つ。「ウソだよぉ。」レコーダーに話しかける。

「さっき〝全録買う〟なんて言ったけどウソウソ。だって私はアンタが大好きだし一番だと思ってる。だからこれからもよろしくね。」

そう言いながら私はゆっくり優しく何度もレコーダーを撫でた。そこから数日間、コンセントを抜き差ししてみたり、リセットボタン押してみたり。いろんな事を試しながらレコーダーに話しかけ続けましたが、結局カッチカッチは止まらず。とうとう〝お客様相談センター〟に電話。一度本体をメーカーに送る事になりました。

結果、やはりハードディスクが壊れていて、新しいものに取り替えればまた使えます、との事。ただ実は私、〝その機械を直したい〟と言うよりも〝観ていない＆まだDVDに焼いていない思い出の番組ちゃんたち約1年分を取り戻す〟事が出来たらいい。その旨を伝えると〝修理は受け付けているけれど、データの復旧はしていない〟との事。くぅっ、残念。

今度はネットで〝HDDデータ復旧〟を検索。たくさんのそういう会社があることを知る。

ただどこの会社がいいのかわからないし、「へえ。いとうあさこってこんなに自分の番組とっといてんだな」なんて復旧した際に思われるのも恥ずかしい。という事で知り合いのスタッフさんに信頼の一社をご紹介いただき、今度はそこに連絡。すると信じられないくらい度が過ぎて優しい口調と声で話を聞いてくださいまして。まとめるとこんな感じ。
・症状からHDDの異常なのはほぼほぼ間違いない
・一度本体を送って復旧可能か不可能かの診断を
・もし可能だった場合でも軽症なら9万円、重症なら18万円
しかも聞くとどうやらそもそもテレビ番組のデータ復旧はほぼ不可能とされてきたらしく。ただ研究を重ねて、今年6月からこの業務を始められたとの事。でも結局復旧出来る可能性も高くはないし、出来たとしてもそのデータがまたテレビで観られる形ではない事も多い、と。そして私のレコーダーの感じはおそらく、重症の方。18万円。高すぎる思い出。んー。

いくら考えても答えが出なかったので、こうなったら最後の手段。〝VTRをとっておかないどころか観もしない大久保さんに「別にVTRなくたって死なないよ」といっぱい言ってもらう大作戦〟です。即行近所の飲み友達・大久保さんちに行きまして。白ワイン飲みな

がら「別に私とっといてないけど、いらないいらない」な話をずっと聞かせてもらっていたら作戦成功。諦めがつきました。なんて書きながら「でもやっぱり」みたいな日もありますけどね。

こうして私、〝全録〟を購入。でもカッチカッチの前レコーダーも一応とっておいてあります。だって「ああ、全録って便利だなぁ」とか「早くこれにしとけばよかった」なんて毎日言っていたらヤキモチ焼いて復活してくるかも、だからね。

〈今日の乾杯〉Uber Eatsで見つけてから、しょっちゅう頼む笹塚のイタリアン「キャンティ」のカリブサラダ。シーフードがどっさりなのも超魅力だけど、結局一番はドレッシング。もうこれだけ舐め続けたいほど好き。昔、中野坂上店によく行ってたなぁ。思い出の味です。

二度目の恐怖

〝三度目の正直〟と言う言葉がある。〝物事は一度や二度は当てにならないが、三度目は確実〟と言う意味だそう。すごく前向きだし諦めない感じが好き。調べてみると英語で「Third time's the charm（三回目は幸運が舞い込む）」。ドイツ語では「Aller guten Dinge sind drei.（三回目に成功する）」。他に中国語でも同じ言い回しがあるそうで。世界中で〝三度目〟の素晴らしさは認められているようだ。

ただ私はよく三度目の前に、〝二度目の恐怖〟という壁にぶち当たる。それはだいたい〝痛い〟とか〝怖い〟などイヤな事をする時。一度目、何とか乗り越えたとしましょう。そうしたら二度目の時、〝こうすればいい〟と学習の方向にいけばいいのですが、私はその恐怖を〝知っちゃっている〟故に怖さが倍増。〝知る〟と言う本来素晴らしい経験がうっかり悪い形で出てしまうのです。

ちょうど今、私はプライベートでなかなかの試練と闘っている。それは〝南部鉄で体を擦る〟というマッサージ。元々何やっても体調がよくならなかった友達が、ここに通って治ったと。要は体質改善に成功したのです。わたくしも50歳。人間ドックの数値的にはよくても、あちこちガタは来ておりまして。要メンテナンスです。

ただですね、これがなかなか痛い。どれくらい痛いかと申しますと、近くにあったタオルを噛んで我慢するけど結局呻き続ける、ってくらい痛いです。ええ、かなりです。自分は結構我慢強い方だと思っていたのですが、あまりに痛くて途中で言いました。「麻酔とかないですか？」それほどの衝撃でしたが、せっかく紹介してもらって始めたこの施術。体がいい感じになるまで頑張ろうと先日二度目の施術へ。ただこれまた、前回より痛い、感じがする。最初は再びタオル噛んで我慢していたのですが、もう普通に「ぎゃーっ」とか言っちゃって。大悶絶の二回目でした。先生に伺うと「今回の方がより深いとこやったから前より痛いかも」と仰っておられましたが、やはり〝知っちゃった〟せいで、もう触れる前からビクビクして体を強ばらせちゃったしな。ああ、二度目、怖い。

そう思うとそんな事は多々ありまして。例えばバンジージャンプ。私のファーストバンジーは25、6歳でまだお笑いの仕事につくとも思っていなかった頃。友達と遊びに行った遊園地にて「怖いけど面白そう」なんて。そう、まだ〝知らなかった〟から。初めて立ったお立ち台（？）はなかなかの高さ。でも先にやった友達の感想も「楽しかったぁ！」だったし、下から「おーい！」なんて手を振りながら見ていてくれたんで、お兄さんの「スリー、ツー、ワン、ゴー！」の「ゴー！」より早く飛んじゃうという今では考えられない暴挙を。

でもこれで〝知ってしまった〟んです、怖さを。知ったのは〝安全だった〟じゃなくて〝怖さ〟の方。そこからまさかお笑いという仕事につき、何度もやる事になるとは。毎回、上でなかなか心が決められず。ようやく「よし行こう！」と思うとちょうど下から「テープチェンジです」の声。待たせてしまっているプレッシャーと再び折れてしまった心で余計に飛べなくなる。もう悪循環。と言うか、回数を重ねれば重ねるほど怖さが増してきている気がする。

スカイダイビングもそう。初めて飛ぶ時、一緒だった森三中・大島ちゃんが経験者で。「絶対大丈夫！　もう高すぎて怖いとかじゃないよ」と。大島ちゃんも同じバンジーダメメンバーなので「そんな人がこう言うなら」とやってみたところ、私の感想は……怖かった。すごくすごく怖かった。知らない国の知らないおじさんと繋がれたロープなんて全然信用出来ず。しかもそのおじさんがサービスなんでしょうが急降下してみたりグルグルしてみたりしてきて。最初は「プリーズストップ」みたいな事を何度も言っていたのですが、まったくもって止めてくれる気配がなかったので「止めてって言ってんだろがぁ!!　今すぐ止めろぉ!!」と日本語で怒鳴ると何かが伝わったんでしょうね。スーッと静かに降りてくれました。スカイダイビングはまだこの一回だけですが、そんなわけで〝知っちゃって〟ますからね、私。二度目どうなるか、想像できず。

高さだけではなく、冷たさ、と言う恐怖もあります。10年くらい前に番組の企画で〝どれだけ夏に見えるかコンテスト〟というのがありまして。どれだけ寒さを感じさせずに真冬の海に飛び込めるか、というもの。その日はかなり冷え込んでいて細かい雪が海風にあおられ、斜めに降っていた。そこにビキニで登場。「寒くない。まったく寒くない。」と自分に言い聞かせながら砂浜でアハハハとはしゃいでみせる。いいよいいよ、このままいこう。デッキチエアに腰掛けてかき氷なんかも食べちゃって。よし、いける。椅子から立ち上がりビーチボールとじゃれ合いながら一路海へ。アハハハアハハハアハハハ、バッシャーン……ギャーッ!! え？ え？ 何この冷たいとか寒いとか、そんな簡単な言葉ではなく。心臓をドンッとされたような衝撃。あ、でも今コンテスト中だ。夏感出さなきゃ。ただその後の記憶はあまりはっきりせず。気づけば砂浜に用意されたお湯に飛び込んでいた。結果は思いっきりを買われて優勝。その為第二回にもお呼ばれしたのですが、もうあの〝ドンッ〟を〝知っちゃった〟から。自分では精一杯やったつもりではありますが、どこか躊躇しちゃったのかも。二連続の優勝にはなりませんでした。

この〝ドンッ〟はその後何度も。こういう冷たい海に飛び込む系はもちろんの事、フィンランドの湖に氷が張れば潜りに行くし、夏の暑い時ですら滝行は信じられないほど強めの〝ドンッ〟がくる。もうあのファースト〝ドンッ〟の衝撃は忘れられない。さ、そろそろ三度目のマッサージの予約を入れねば。もうこれに関してはどうなる事が〝三度目の正直〟なのかはよくわかりませんが。なんとか〝二度目の恐怖〟を乗り越えたんだから。今度は〝三度目の卓越〟、みたいな領域までいけないかなぁ。

〈今日の乾杯〉自家製の大根のぬか漬けを細かく切って、納豆と混ぜて。軽くあぶった海苔にくるんでパクリ。簡単だし、香りもいい。今回はビールだけど、だいぶ寒くなってきたからそろそろキューッと日本酒、ってのも良い感じ。

キャンプブーム

私はブームによく乗り遅れる。まずそもそも情報収集能力が低い。昔から「え？　知らないの？」という言葉を幾度となく浴びせられてきた。そしてやっと知ったところで、今度は〝流行ったものに後から乗っかる〟感じがなんだか恥ずかしく。ただただ一刻も早くブームが過ぎ去る事を祈りながらやり過ごしてきた。そして最近また、その状況に直面した。それは、キャンプ、です。そもそもお笑い界では何年も前から流行っていて、〝キャンプ芸人〟さん達がいろんなキャンプ動画をネットにあげている。そこにやって来たこのキャンプブーム。本当にたくさんのキャンプ特番を見かけます。

そしてわたくしにもそのお仕事、やってまいりました。お馴染みバイきんぐ西村＆うしろシティ阿諏訪ペアが先生で、超初心者の私とＳＨＥＬＬＹにソロキャンプの魅力を教えると言う番組。その頃正直、キャンプは興味津々半分、興味ゼロ半分でした。元々異常なまでの面倒くさがり屋な私。キャンプはいろいろ片付けが大変なイメージ。それに〝もう流行っちゃった〟がプラス。それが〝興味ゼロ〟部分。

ただ逆に〝興味津々〟部分は〝星〟と〝火〟。私は中高時代、天文班に属し、将来宇宙物理を学びたい、と思っていたほど星が好きだった。更に火も好き、となったのは電波少年で無人島行った時。いつまで続くかわからない無限に感じる日々の中、私の心の癒やしは〝夜〟でした。島には明かりがない分、見た事ない数の星たちが見えまして。それを浜辺に座って何時間もボーッと眺めておりました。ただ昼間は暑い島でしたが夜はかなり冷えるし、なかなかの真っ暗。なのでいつも傍らにたき火を。マッチだけは支給されておりましたが大箱一箱だけ。湿気がひどかったので、あっと言う間に箱は湿ってベコベコに。ヤスリの部分もすぐダメになったので、何度も石や珊瑚のかけらで擦って再生させていました。小枝や椰子の実の繊維にマッチで火を点け、少しずつ太い枝を重ねていき、一晩もつくらいの火を作った。時々夜の海に飛び込んで魚や貝を捕ってきては火に放りこんで焼いて食べたりもした。炎が消えても炭になった木を枝でつついて割り、赤く光るのを見るのも大好きだった。

そんな〝火〟好きを思い出したのがその特番ロケ。富士山の麓のキャンプ場に行きまして。初めて火打ち石での火起こしにチャレンジ。チャークロスという炭化させた布に火打ち石&火打ち金を擦り合わせて出来た火花がつけばしばらく燃えているので、それをほぐした麻紐にくるんでフーフーすれば火だねの完成。ただこれがなかなか難しく。私、力が強過ぎるんだろうなぁ。火打ち金を当てる度に火打ち石が粉々に。でも西村・阿諏訪両先生のご指導の元、踏ん張る事10分。突然チャークロスに小さな蛍くらいの火が。

「どうすんの？」「動いたら消える？」「大丈夫？」とテンパる私にみんなが「ゆっくりゆっくり！　大丈夫！」。

と声かけてくれ、なんとかたき火が完成。まあ、これがえらく楽しくて。だってゼロから作った〝自分の火〟ですよ。ホントに感動&感激。その瞬間、私は決めました。キャンプ行って、たき火して、星を見よう。もちろん、飲みながら。

後日、親友・大久保さんにその事を話すと、まさかの「私も行きたい」と。しかも「テント含め自分の分は自分で買うわ」とかなりの前向きさ。即行、阿諏訪先生に連絡。「テントは何がいい？」「何を揃えたらキャンプに行ける？」「キャンプ用品はどこで買う？」などなど、もろもろ教えていただきまして。あとは雑誌やネットを見て研究も。

ただおばちゃん、腰、重いんですよね。結局テントをどれにするか悩みつつ、仕事だなんだ言いながら気づけば1ヶ月半も経過。やっと「よし、テント決めた」と思った頃には大久保さん。「出来たら二人用のテントにしてくれない？」テント購買意欲、消滅。でもキャンプ熱はまだまだばっちり。ホッ。

と言う事で再度阿諏訪くんに大きめのテントを相談。あるキャンプ屋さんを教えてもらい、今度こそ本当に行ってみる事にしました。初めてのお店は緊張する。しかも平日の午前中だったのでお客さんは私一人。ぎこちなく入り口のアルコール消毒を手に擦り込んでいると、若いお兄さんとお姉さんの店員さんが優しく「いらっしゃいませ。」ちょっと安心。ただ何かお仕事をなさっていたので、手を後ろに組む〝教頭先生スタイル〟でしばらく店内をゆっくり徘徊してみる。ただこちとらホントに素人。見ても何にもわからない。

「ああ、どうしよう」と思う寸前のちょうどいいタイミングで〝お兄さん店員〟さんが声をかけてくださった。「何かお探しですか？」私は〝超初心者〟〝人間二人とワンコ一匹〟〝一人でも設営出来るテント（おそらく大久保さんはパコ美を見なきゃだから）〟〝前室広め（タープなしでもいいように）〟と4点伝えた。すると予定よりだいぶ大きいけど、一人で設営できるテントを教えてくれた。

「よろしかったら組み立ててみます？」え？　ホントに？　そんな訳でいとうあさこ50歳、初のテント設営にチャレンジ。いやはや「お店でこんなに汗かく!?」と言うほどめちゃくちゃ汗だくになりながら格闘すること15分。なんとか完成。しかもそのテントを持っているというお店の常連さんがたまたまいらして。「このテントにはこのオプション付けた方が快適だよ」とよい情報までゲット。このキャンプ族の仲間感、いいねぇ。〝山道ですれ違う時、知らないのに「こんにちは！」と挨拶する〟感じのやつだ。ありがたい。こうして皆々様のご協力のもと、テントとそのテント用のオプションたち、椅子、焚き火台、火起こしセットを購入。これで第一段階クリア。そして今はテーブル、食器類、寝袋など小物系をネットやらお店やらで揃え中。

　そんなこんなで私の超遅ればせながらのキャンプデビューが近づいております。と言いながら、言うても腰重おばちゃん。かつ佳代子さんとの予定もなかなか合わず。あまり寒くならないうちに、いや、来年になる前に。いやいや、テントの建て方忘れる前に初キャンプ、行きたいなぁ。

〈今日の乾杯〉茶碗蒸しを頼んだら、たっぷりの白子がのってきた。冬先取り。いや、こんだけ寒かったらもう冬でいいか。久しぶりに熱燗、ですな。

そして、キャンプ

前回「近々キャンプ行きたいなぁ」なんて申しておりましたが、まさかの、急遽、行ってまいりました。ええ、ファーストキャンプです。お相手は当初の予定だった大久保佳代子嬢、ではなく、AP杉原さん。以前、彼女の結婚式にて女芸人みんなでいきものがかり「ありがとう」を泣きながら歌ったエピソードをご紹介しました、イッテQ！温泉同好会のおっかさん（と言っても私よりだいぶ年下ですが）です。そもそもさすがのキャンプブーム。「キャンプ行きたい」なんて言っていると身近に結構キャンパーがいる事がわかりまして。例えばイモト。何度もキャンプ行っていて「こないだとうとうソロキャンプデビューした！」なんてラジオで話していたし。Hey! Say! JUMP八乙女くんも番組で怪しい一人キャンプ姿の写真が出て以来、キャンプロケ始まったし。一番意外だったのが森三中ムーさん。家族で何度もキャンプに行っていて、「今年は冬に向けてストーブ買おうと思ってんだぁ」だって。わお！　レベルが違うぜ！

こんなにキャンプ先輩がわんさか身近にいる中、たまたま「キャンプ行ってみたいね」という話をし、スケジュールも合った杉原さんと行くことに。ただ杉原さん、キャンプ経験なし。そうです、まさかの初心者二人でファーストキャンプに行くことになったのです。まずはキャンプ場探し。私のキャンプ師匠・うしろシティ阿諏訪先生のアドバイスも伺いながらいろいろ探し、埼玉県長瀞のキャンプ場に決定。無事ネット予約も出来て、お次は準備。事前にいろんなグッズ、いや、ギア（と言うのを初めて知る）はちゃんと買い揃えたつもりでしたが、一点ぬかりが。寒さ対策です。最近キャンプに行った八乙女先生に〝夜の底冷えの恐ろしさ〟をご教示いただきまして。なにせ最初に言い出したのが9月だったから忘れておりました。そこで即行ヒートテックを買いにユニクロへ。するとヒートテックの2・25倍暖かいと言う〝超極暖〟、しかも〝長袖・ハイネックT〟＆〝レギンス〟という超最適ウェアを発見。更にディナーも軽いおつまみを、なんて思っていたけどダメだ。温かい味噌鍋にでもするか、とアルミで軽量の容量2Lのおっきめのお鍋＆お玉も購入。

するとそこへ新たなる問題が。携帯で週間天気調べたら、その日はがっつり夕方から雨予報。いやいや、待ってくださいよ。こちとらバリバリの初心者でっせ。すぐにいろんな人に聞いてみたけど、皆さんの答えは一つ。「やめといた方がいい。」だよね。一応最後の一手で阿諏訪先生にも連絡。「初キャンプで雨ってやはり素人が手を出さない方がいいでしょうか？」すると先生のお答えは凄かった。

「今、雨キャンプしている阿諏訪です！　雨がっぱ着て必死に設営したテントの下で飲む酒は最高です！　無人島に漂流していた方に〝初キャンプ雨〟と言われてもおそらく屁でもないと思いますよ！　思い出に残るキャンプになる事を祈っています！」

師匠!!　さすがっす!!　しかも今まさに雨キャンプ中とは!!　心は決まりました。予定通り、ファーストキャンプ、決行です。キャンプ当日。そんなわけでテントはなかなかのサイズだし、食器類も全部二人分あるもので、杉原さんには「椅子と寝袋だけご自分で」と伝えてあったのですが、前日に〝その他タオル、ゴミ袋、カッパ、ホッカイロ……〟などなど、いろいろご用意くださったとの連絡メール。プライベートなのに〝温泉同好会グセ〟が出るとこが杉原さんのカワイさ&凄さ。そして私も私でいつもの「足りなかったらやだな」精神でついつい食材などめっちゃ多めに購入。しかも雨予報なのでタオルや着替え、防寒具などやたら詰め込んだ。心配性の杉原さんも昨日のメールじゃ思いもしない程のドデカバックをパンパンにして登場。結果二人の荷物を合わせたら〝一ヶ月くらい過ごせるんじゃないか〟な大荷物。それを二人でなんとか車に押し込み、いざ長瀞へ。「初回だからね。回数重ねていったら〝これ必要〟〝これいらない〟で荷物どんどん減ってくよね」なんて初心者二人、笑いながらのレッツラゴーです。

16時頃キャンプ場に到着。雨の降り出しが17時予報だったので、とにかく急いでテント設営。〝一人で出来る〟をテーマに購入したはずのテントでしたが、やはりなかなかの大きさ。

あっと言う間に「助けてください！」と弱音を吐き、杉原さんに手伝ってもらう。でもなんとか建てた〝我が家〟はとにかく広いし、窓もいっぱいついていて、想像以上の快適さ。更に椅子、テーブル、たき火が用意出来たら一段落。さあ、こっからはゆっくり飲みながらの晩ご飯作りです。こまめに天気予報をチェックしていたのですが雨予報はどんどんズレて、結局23時くらいまではもちまして。おかげさまで夕方から♪ゆったりたっぷりの〜んびり、です。

目の前を流れる長瀞の川と、たき火のパチパチという自然の音だけの世界。しかも超極暖の威力の凄さよ。「飲み物はホットワインにしよう」と果物やらシナモンも買っていったけど、結局冷たいビール＆常温のワインでいけた。時々話もしながら鍋をつつき。ただただたき火に薪をくべ、静かに炎を見つめる。なんて豊かな時間。

ただ夜が素晴らし過ぎた私たちを待っていたのは地獄の朝。雨が遅くから降り出したもので朝はまだ強めの霧雨が。せっかくの暖かさをくれた超極暖もゆっくり濡れ、寒さに震えながら雨でビショビショ＆ドロドロの土で汚れたテントをバラしていく。それだけでもなかなか大変だったのに、帰宅後それらを干したり、泥を落としたり、にかかった時間、3時間半。

〝終わりよければ〟の真逆状態に。ただですね、やっぱりまた行きたいな、と思っている私がおります。それだけあの炎とお酒、川の音と言う穏やかな時間がたまらなかった。それにきっと回数重ねていけば、テントの扱い方や荷物の調節など上手くなるに違いないと信じておりますから。ええ。なので今度は大久保さんとパコ美を連れて、行ってこようと思います。そしてその際のテント設営ですが、大久保さん。お手伝い、やっぱりよろしくお願いいたします。

〈今日の乾杯〉今回は焚き火の感じもお見せしたくてあえての引き画で。奥のお鍋が味噌鍋。メインは豚肉と白菜。ラー油でピリリと。手前はベーコンとプチトマトのアヒージョ。これで冷えたビールをゴクリ、でございます。

鈴木さん

以前、〝映画撮影中〟のコラムを書いたのを覚えている、と言う方はいらっしゃいますでしょうか？ 二年くらい前、〝独身のおばさん〟役で「ノーメイクでいこう！」となっていたのに、直前になってまさかの鼻の下の溝のど真ん中にデキモノが。しかもメイクさん、モニターで見ていたら私の薄毛も気になったようで。結局、デキモノをコンシーラーで隠し、髪の生え際に焦げ茶のパウダーをパタパタ。メイクさんにお手数かけまくった話を書かせていただきました。

その時の映画がついについに上演されました。パチパチパチパチ。正直撮影から二年が経ち、もしかしたらもう世に出る事はないのかも、なんて思っておりましたら突然マネージャーから「11月2日に舞台挨拶あります」との連絡。「え？ 舞台挨拶？ どこで？……え？映画祭？」そうです。ま、ま、まさかの東京国際映画祭2020で上映される事が決まったのです。映画のタイトルは「鈴木さん」。内容はパンフレットの作品解説をまとめると「現人神〝カミサマ〟を国家元首に戴く某国某市。少子化対策の為、45歳以上の未婚者は市民権を失う条例が制定。45歳目前の未婚の中年女性ヨシコの元に身元不明の中年男性〝鈴木〟が迷い込む。ヨシコは〝鈴木〟と名乗るその男と結婚しようとする。一方、政府が逃亡した〝カミサマ〟を秘密裏に捜索していた」。

私はこの〝ヨシコ〟をさせていただきました。ジャンルは〝SF〟になっていましたが、私はむしろリアリティがあるなぁ、と。もちろん現実社会ではありえない設定ですが、状況・感覚の面から見たら今の世の中のそれを少し大げさにしただけ。そんな感じを受けました。だから最初に台本を頂戴した時、わからない部分もありましたが、全体的に「そうそう」とうなずける部分も多かったのです。

そんな映画の監督をなさったのが佐々木想監督。初めて監督とお会いしたのは撮影の数ヶ月前、めちゃくちゃ暑い夏の午後。近所のカフェで待ち合わせ。ただその日、前の仕事が押してしまい、監督をお待たせしてしまうという大失態。すると監督、私とマネージャーが到着した時、まさかのカフェの外でずぶ濡れで立っていらして。あ、汗でずぶ濡れ、です。マネージャーはもちろん「中で先に何かお飲みになっていてください」と連絡はしていたんです。なのに監督ったら、外でずっと待っていらして。真面目な方だなぁ、が第一印象。

お店に入った後もほとんど目を合わさず、ボソボソと小さな声でいろんなお話をしてくださいました。当然映画の話もしましたが、監督の若い頃の失恋話などパーソナルなお話がめっちゃくちゃ面白く。あっと言う間に佐々木想と言う人間を好きに、いや、もうド〝ハマり〟。なんか謎の吸引力のある方です。

撮影現場は千葉の山奥。〝廃ラブホテルを改装して作ったグループホーム〟という設定の現場で、6～8畳くらいのシャワー付きワンルームの一軒家が何軒も立ち並んでいる場所。これがかなりの山奥で、コンビニや食事処など周りに何もない。私たちは本当にそこで寝泊まりをし、撮影をしました。一応携帯の電波は入りましたが、テレビは何故かBSの1チャンネルのみ。夜中にはゆっくり気球が浮かぶ映像と、周りに文字でニュースが出る、そんな画面だけが延々と。でもその世離れした空気感がこの映画の〝某国某市〟の感じにドンピシャ。そこにある日、一匹の猫がフラッと来るようになって。みんなで名前を付けて、休憩中に遊んだり、日なたで一緒にぼんやりしたり。

実際、役でもそこで暮らしている設定だったので、もう滲み出るリアリティ、なかなかだったんじゃないかしら。しかも撮影もホントにアットホームで。エキストラが足りなければスタッフさんも着替えて登場。当時の私のマネージャーも1シーン出演で、しかも「ちょっと！」なんて台詞までいただいて。夜遅くまでの撮影も多く、そういう時はおっきい寸胴に暖かい豚汁やおでんをたくさん作ってくださって。どれだけ寒さも気持ちも救われたことか。ただこんな濃い生活を山奥でしていると何日かに一度東京の自宅に戻る際、普通の町並みなのに「わあ！　近未来じゃん！」ってなるくらい、なんだかどっぷりな現場でした。

あれから二年。そんなわけでようやく観ていただける日が。東京国際映画祭2020では二日間、二回だけの上映。舞台挨拶当日は監督と私の他に、佃典彦さん、大方斐紗子さん、保永奈緒ちゃん、宍戸開さんの6人で登壇。佃さんはこの日の連絡を監督から直接もらったらしいのですが、ほら。監督がさっき書いた感じの方ですから。東京国際映画祭だって伝えていなかったらしく、会場に着いてうちらと会って少し喋っている時に「え？　今日、映画祭なの？」と知るという。「知ってたらネクタイくらい締めてきたのに。」革ジャンでとても素敵だったのでまったくもって大丈夫でしたが、名古屋から出てきたままの格好で舞台挨拶へ。そんなエピソードもニヤニヤしちゃう座組でございます。

さすが〝国際〟映画祭だけあって舞台挨拶にも通訳さんが入っているし、映画も全て字幕付き。タイトルにも「Mr.Suzuki-A Man In God's Country」という英題がついていた。そして初めて大きなスクリーンで観る自分の映画。ノーメイクゆえの目の下のクマの濃さや、「皆さんがどう観るだろう？」という緊張でかなりドキドキしましたが、佐々木想の世界感満載の、厳かで美しくゆっくり奥に染みてくる。そんな映画でした。

更に上映が終わった後の監督のQ＆Aもかなり面白く。「考案から映画の完成までで一番大変だったなぁと思うところはどこですか？」の質問に「えっと……私がなかなか……お金を集められないところ、ですかねぇ。」長めの質問をいただいた時には必然通訳が長めになっちゃって。そうしたらその間にわからなくなっちゃったみたいで「えっと……質問、何でしたっけ?」とにかく笑いをかっさらい、映画の後味、余韻を全て消す勢い。でもそんな魅力満載の監督が撮った映画「鈴木さん」。いつかちゃんと公開される日が来るといいな。あ、その時は私の〝デキモノ&薄毛〟は忘れてご覧下さい。

〈今日の乾杯〉たまにやる〝冷蔵庫キレイキレイ〟運動。余っていたチンゲン菜・しめじ・ベーコンを炒めて、真ん中に賞味期限ギリギリの卵を2つ。スパイシーなウスターソースかければもう立派なおつまみ。冷たいビール、だな。

鎌倉物語

鎌倉よ何故夢のような虹を遠ざける
誰の心も悲しみで闇に溶けてゆく

原坊さんの優しい声が染みるサザンオールスターズ「鎌倉物語」。歌詞に出てくる〝日影茶屋〟には「大人になったら絶対行く！」と思い過ぎた結果、何年か前ロケでお店の前を通っただけでテンパってしまった。そんな鎌倉へ、10月終わりのよく晴れた日に行ってまいりました。いや、〝飲みに〟行ってまいりました。しかも、泊まりで。わたくし鎌倉がかなり好きでして。いつから好きなのか、なんで好きなのか。そういうのはよくわからないのですが、とにかくずっと好き。小さい頃から大磯に祖父母や親戚がおりましたので、そもそも湘南には馴染みがあり。その上、デビューから大好きなサザンさまの地。好きになる理由がいっぱい溢れている場所なのです。

20代後半。殿方の借金もずいぶん落ち着いた頃から、バイト代を貯めてはレンタカーで一番安い車種を一番短い6時間借り、鎌倉に行っておりました。コースはだいたい決まっていて。鎌倉には母方の祖父母のお墓があるのでまずはそこにご挨拶、からスタート。そして住宅街の坂の途中にあるパン屋さんで焼きたてのイギリスパンを一斤、その隣のお肉屋さんでコロッケを買って逗子マリーナへ。堤防に座って、ウォークマンでサザン中心に作ったマイベストMDを聞きながらボーッと海を眺めて。手で裂いたパンにコロッケを挟んでかぶりつく。時に釣りしているおじさんとちょっと喋ったり。江ノ島方面の空が夕焼けで真っ赤になり、だんだん日が沈んでいくのを見ていると、なんか内側がゆっくり綺麗になっていく感覚。でまた帰り道、お墓の前を通る時に「おじいちゃんおばあちゃん、またね！」なんて車の中から叫んで東京に戻り旅終了。お金がないのでそんなにしょっちゅうは出来ませんでしたが、癒やしタイムとして何度も行きました。

30代前半くらいからは、〝堤防パン食〟から少しずつ海際へ進出。いろんなお店が建ち並ぶ中、たまたま一軒のメキシコ料理屋さんへ。そこで料理名はわからないのですが、トルティーヤのグラタンって言うのかな？　チーズ&挽肉たっぷり系の。それがべらぼうに美味しくて。でもその分、アイツが欲しくなる。そうです、ビールです。だって絶対ビールでしょ？　ただその頃はまだノンアルコールビールがどのお店にもある、とかそういう時代じゃなかったのでもちろん車で行くのはNG。「いつか絶対このトルティーヤグラタンで一杯飲む！」

数年後、今度は電車で鎌倉へ。うっかりお店の名前を忘れちゃったのですが、だいたい

〝由比ヶ浜のあの辺〟と言う記憶を信じ、駅から歩いて向かってみた。駅からしばらくまっすぐ道を行くと、目の前に海が見えてくる。イヤホンから聞こえるサザンの曲のボリュームを少し小さくして、生の波音をミックス。海風で髪なびくから〝イイ女〟感丸出しの顔しちゃったりして海沿いを歩いていく。そこに大好きな夕焼けタイム。テンション爆上がりです。ふと気づく。歩き出して30分は優に超えている。あれ？　稲村ヶ崎が見えてきた。通り過ぎた？　それとも由比ヶ浜は勘違いで稲村ヶ崎だった？

そのまましばらく歩いてみたけどお店はない。あ、カレーで有名な〝珊瑚礁〟の入り口にある松明が見えてきた。あらやだ。七里ヶ浜まで来ちゃったのね。夕陽が沈むのを見ながら飲みたかったのに辺りはすっかり夜。これはさすがにおかしいと引き返す。が結局また海沿いの道のスタート地点まで戻ってきてしまった。もう駅に着いてから2時間以上歩いている。足が棒とはこのことだ。でも〝ここまで来たら〟根性で再び七里ヶ浜沿いを歩いてみる。一軒一軒お店をよく見る。するとちょっと行ったところに見覚えのあるお店が。ただ看板はパン屋さん。閉店時間はとっくに過ぎたようで真っ暗。近くに行ってみると……やはりそうだ。あのお店だ。階段や装飾など、前のままの部分もあり確信。「お店、なくなっちゃったんだ。」戦意消失した私は他のお店に入るでもなく、コンビニで買った缶ビールを海岸で一本飲んで帰途についた。

30代後半。番組でご一緒して以来仲良くして下さっている麻倉未稀さんが鎌倉の素敵なイタリアンに連れてって下さりまして。頭の中で♪エンダッナイッ(「スタンド・バイ・ミー」)を歌いながら江ノ電の線路を普通に渡り、長い階段を上がった崖の上のお店。その時は暮れも押し詰まった頃なのに、なんだかすごく暖かく。いや、もう暑いくらい。ロンTを袖まくりして、テラス席で海を見下ろしながらいただくシラスのピザ。夕方、真っ赤になった空にシルエットだけが浮かび上がる大きな富士山。ああ、最高です。ただその時も車で行っていたので飲み物はジンジャーエール。その時、私誓ったんです。「いつか車で来て、近くのホテル予約して、お酒と共にこの美味しい食事をするんだ。」

それから10年以上の月日が経ちまして。先日本当に急に、ふとその事を思い出しまして。スケジュール帳見たら10月最後の土日に行けるぞ、と。ラッキーな事にお店もお店の近くのホテルも予約出来ましまして。決まる時って言うのはこういう風にトントン拍子で話が進むものです。当日の土曜日、ずっとお天気悪かったのにとてもいいお天気。最高のドライブ日和。まず久しぶりにお墓に寄って祖父母と、叔母に手を合わせてからホテルへ。チェックインを済ませ、いよいよ20年以上願い続けてきた〝鎌倉で思いっきり飲む〟時がやってまいりました。この日も夕暮れのシルエット富士はくっきり。日が沈むとなかなかの寒さでしたが、ストーブ横の席で毛布にくるまり、BGMは波の音。ホットワインでいただくシラスのアヒージョは最高にもほどがありました。なんと贅沢で素敵過ぎる時間。あの〝堤防パン〟から始まった鎌倉ディナー。20数年の時を経て、とうとう鎌倉で一泊して飲めるようになりました。私も大人になったもんだ。ってとっくに大人でしたが。そして帰り道、もちろんまた心の中で叫びましたよ。「おじいちゃんおばあちゃん、そしておばちゃん、またね！」また行こう。

〈今日の乾杯〉この流れだと〝シラスのアヒージョ〟載せるべきなのでしょうが、すいません。写真撮り忘れました。ということで〝冷蔵庫キレイキレイ〟運動第二弾。蕪と蕪の葉っぱ、ハムをオリーブオイルと塩コショウで炒めたヤツ。結局のビール。

夢

皆さんは眠っている間に見た夢、覚えていますか？　私は50年間夢見ているんでしょうが、ほとんど覚えていない。以前殿方と暮らしていた頃、よく寝言は言っていたようで。目を覚ますと私の寝言たちを彼がまとめたノート「麻子の夢日記」が置いてある、なんて事もありました。覚えているものだと、その頃調理のバイトをしていた私。狭いキッチンだったので包丁を持っている時に必ず言っていた「後ろ包丁通りまーす！」のかけ声を夜中に突然叫んだようで。そしてしばらくの無言の後、悲鳴をあげたんだそう。何があったのかは夢の記憶がないのでわかりませんが確実に〝何か〟があった私の寝言のストーリー性に、聞いていた殿方は笑い転げつつも「恐怖も感じた」と言っていた。

そんな私が一番最近見て覚えている夢は、ピノがやたらめったら出てくる夢。11月下旬に発売された期間限定アイス〝ピノやみつきアーモンド味〟。元々甘いものをそんなにいただかない私ですが〝ピノチョコアソート〟の中に入っているアーモンド味の事はこよなく愛しておりまして。ただチョコアソート24粒入りの内訳はバニラ10粒、アーモンド味・チョコが7粒ずつ。いやいや、森永さん、と。アーモンド味だらけにしろ、とは言わない。でもせめて同じ24粒なら公平に8粒ずつ、なんてぇのはどうだろうか？ だから私はいつもバニラとチョコを先に平らげ、箱の中にはアーモンド味7粒だけを残し、あたかもアーモンド味のみの商品であるかのような雰囲気を作り上げ、ゆっくり食べていく、という作戦をとって生きてきた。

そんな私にとってアーモンド味のみでの発売は震えるほど嬉しいニュース。だから発売日の朝は早起きをしていそいそと近所のコンビニに行きましたところ……ない。普通のピノはあるけど、アーモンド味はない。「あらやだ。さすがに早すぎたのかな？」と特に気にも留めませんでしたが、その後何度かコンビニに立ち寄るが出会えず。「え？ ホントに売っているの？ アーモンド味ぃ！」そのまま5日間の地方ロケに行ってしまったのもあって発売から1週間以上、あんなに楽しみにしていたアーモンド味に出会う事が出来ませんでした。

すると食べたい気持ちが大き過ぎたんでしょうね。とうとう夢を見まして。正直そんなに詳細は覚えていないのですが、とにかくどっち向いてもピノアーモンド味がたくさん置いてあって。「ああ!! ないないと思っていたら、ここにこんなにあったのねぇ!!」とただただ興奮しているだけの夢。そしてハッと起きて気づくわけです。「ピノ！……あるわけないか。」まるで「たかし！……いるわけないか」といなくなった男を思うイイ女、のようにあさこ50歳、ピノを思うのであった。うん、なんか、切ない。

他にも過去に見た夢を思い出してみるけど、何故だかあまりよくない夢ばかりを思い出す。ちっちゃい頃は唐傘おばけに追っかけられたり、学校の階段を宙に浮いた状態で永遠に落ち続ける、みたいな夢を何度も見た。ドラマっぽかったのが実家の庭で悪の軍団に捕らえられた少女・麻子。口の中には何故か脱脂綿をパンパンに詰め込まれて泣きながら暴れている。すると2階建ての祖父母の家の屋根の上から「その子を離してやれ！」の声。見上げるとめっちゃくちゃ太った黄レンジャーっぽいヒーロー。「今行くぞ！」と屋根から飛び降りてくるのですが屋根が高すぎたんでしょう。足をくじきもだえる黄レンジャーもどき。悪の軍団と共に「骨折れたんじゃない？」「病院行った方がいいよ！」とオロオロしている時に目が覚めた。

30歳の時に番組の企画で半年暮らした無人島生活。最後の頃に見た夢に出てきた父親が白黒で顔もはっきりわからないのですが、まさかのロン毛で。まったくもってウチの父はそういう人物ではないのですが、夢の中の私はその人を完全に父だと認識して喋っていた。目が覚めて「あれ⁉　無人島生活長過ぎてお父さんの顔、忘れた⁉」と一瞬焦りましたが、落ち着いたらもちろんちゃんと思い出せました。ただそのロン毛があまりに強すぎて、逆にその後、父の顔がよくわからなくなった。

数年前にはコントで使う小道具を忘れて、アパートに取りに戻る夢を見ました。古いアパートで外階段を上った2階が私の部屋。ただ何回帰ってもまだ忘れ物があって何回も戻る。それを数回繰り返した時、急に線路脇で二人組の不良に捕まりまして。何でかわからないのですが自分の身長より大きな手裏剣でザクザク斬りつけられまして。マネージャーにも斬りかかったから「やめろー!!」とその手裏剣をつかんで奪い、「うぉおおおおっ!!」となんとか持ち上げ、近くを通りかかった人に「これ捨ててー!!」と託すところで目が覚めた。うーん。こうやって書き出してみるとろくでもない夢ばっか。夢占いしてもらったらヤバそうですよね。いい夢も見ているんだろうけど、びっくりするほど覚えていない。初夢の時も人様から頂戴した〝七福神の宝船〟の絵をちゃんと枕の下に入れて寝るけど一度も見た事ないし。まあこれは新年会を言い訳にいっぱい呑んでグガグガ寝ているから、か。あ、ちなみにピノは発売日からだいぶ遅れましたが買えました。近所のスーパーに2個だけ残っていたところをゲット。夢にまで見た〝ピノやみつきアーモンド味〟は〝つぶつぶローストアーモンド〟がとにかくいい香りで高級感溢れまくり。正直あのアソートのシンプルな感じでなかったのはちょっぴし残念。なんて言いながら二箱目、三箱目と買っちゃってるんだけどね。だってべらぼうに美味しいんだもの。うん、今夜はいい夢見られそう。

〈今日の乾杯〉泊まりロケの場合、今はどうしてもビジネスホテルの部屋での一人飯になる事も多い。先日は長めのロケだったので、コンビニばかりも寂しく。一度近くのファミレスで「紅ずわい蟹のトマトクリームドリア」をテイクアウトしてみた。あったかくて贅沢で。部屋のコップで飲む缶ビールも美味しさ、倍。

なんだったんだ365DAYS2020

いったいなんだったんだ？　7DAYS
外にも出ない毎日
BARBEE BOYS「なんだったんだ？　7DAYS」の歌い出しの歌詞。今年はホントにあまり〝外にも出ない〟、そして〝なんだったんだ〟な1年だったかと。
「世界の果てまでイッテQ！」の恒例メンバー占いにて、まさかの〝100％結婚する〟と言われ始まった2020年。占い師さん、なんかすいませんでした。振り返ってみると3月くらいまでは普通に飲みにも買い物にも、そして異国ロケにも行っていた。4月にやる舞台の稽古もしていたし、毎年6月にやる単独ライブも今年は50歳の記念年というのもあって早めに打ち合わせも始めていた。コロナでもコロナ関係なくでも大事な人たちを失い、お別れも出来なかった。東京オリンピックだって大久保さんが閉会式のチケット当たったのを聞きつけ、なんとか自分を誘ってくれないか探りを入れたなぁ。本当にそれらが今年の出来事だったのが信じられない。
それでもなんだかんだ進んできた2020年。人から見たらびっくりするほどどうでもいい事でも、私にとって大きな気づきのある出来事がいくつもあった。例えば節分の日のこと。小さい頃からずっとやってきた〝年の数だけ豆を食べる〟と言うルール。豆の数が増えれば増えるほどなかなかの大仕事に。たしか〝健康を願って〟のはずなのに、ここ数年はもう年の数だけ食べると逆に気持ち悪くなったり咳き込んだり。なかなかキツいところまで来ておりました。それが今年、たった一つのアイテムで劇的に変わったのです。それはなんと〝小皿〟。今年節分の日はちょうど家で呑んでいて。ふとそばにあった小皿に豆を入れてみたところ、あーら不思議。どんどん豆が口に入っていくではありませんか。ちょっとした〝義務〟になっていたのが〝おつまみ〟に昇華した途端イケるイケる。豆をカリカリ、日本酒ガブガブ、豆をカリカリ、日本酒ガブガブ。もうエンドレス。豆の香ばしさまで味わっちゃったりして、気づけばアッという間の50粒。少なくともあと10年は余裕でいける、そんな自信が持てた日だった。

少しずつ〝リモート〟と言うキーワードが馴染み始めた4月半ば、私はネットでヘッドセットを注文した。その頃だんだん増えてきたリモート収録、リモート出演、リモート会議などなど。中でも特に気になったのはラジオの時の声。ある日ラジオを聞いていると、リモートなのにまるで実際スタジオにいるかのように綺麗な声が聞こえまして。スタッフさんに聞いてみるとどうやらそういう方はいいヘッドセットをしているらしい、とのこと。なるほど、それはいい。早速ネットで調べてみると今や皆さんオンラインゲームで使うようで、いろんな種類が出てきた。私なんかは自粛が終われば使わないだろうから、本当にシンプルなヤツで良かったのですが、いろいろ見ているうちにだんだん〝カッコいい〟ヤツが欲しくなってきて。気づけば〝自分の息や外部の音を拾いにくい〟〝ON・OFFを手元で調節〟〝髪型も気にせず使えるネックバンドタイプ〟などなど、こだわり詰まりまくりのものをセレクト。ただですねぇ私、すっかり忘れていたんです、自分の頭の大きさを。私、かなり頭が大きくてですね。帽子を買う時はもう伸び縮み可能なニット帽か大きめのメンズの二択。思春期に頭回りを測った時も、アイドルちゃんのウェストと同じサイズでかなり傷ついた事もありました。それくらい大きい。案の定、届いたヘッドセットを頭にはめてみると、もはやただの〝締めつけ輪〟。孫悟空と〝おそろ〟です。あれ？ 私、悪い事してないのに、締め付けられているよ？ 50歳にして初めて、帽子以外に頭のサイズを気にしなければいけないものがある事を知った。ありがとう、ヘッドセット。

そして最後は〝ドライヤーって、使った方がいいんだね〟です。「え？ 当たり前じゃない？」の声はどうか収めてくださりませ。何度か書きましたが私は本当に雑で短気でめんどくさがりな人間でして。髪の毛洗った後、一応ドライヤーを当ててみるのですが、ものの1分くらいで「もいっか」と。もうそうなったらその1分もいらないとも思うんですが、そこはなんか正義なんですかねぇ。一応やるんです。結局、ビショビショのまま出かけて自然乾燥に託す。元々くせっ毛でしたが、年を重ねるごとにその度合いがひどくなり。髪の毛の生気もなくなってきておりましてバッサバサのボッサボサのクッネクネ。

それでもズボラあさこはスルーでいたのですが、自粛中のある日。時間は山ほどありましたから。何か急に気が向いてちゃんと最後まで髪の毛を乾かしてみたのです。そしたらなんと、髪がしっとりまとまるではありませんか。今まで何度も〝髪の毛は濡れたままだと傷むから絶対NG〟という話は聞いていたのですが、まさかこんなに違うとは。その衝撃がなかなか大きく、髪に一度ちゃんと謝罪。そのお詫びついでに30年ぶりにブラッシングも始めました。これも「え？」とお思いの方、そのお気持ちお収めください。いやね、私だって高校時代まではちゃんとブラッシングしていましたよ。ちゃんとブラシも汚れが溜まらないようにガーゼつけたりしてね。でもいつしかすっかり手櫛族となりまして。別にそれでいいと思っていたんですが急に以前テレビでアンミカさんが髪にいいことをいくつかおっしゃっていたのを思い出して。「ああ、だからアンミカさんって髪の毛綺麗なんだ！」と思ったのは覚えているのですが、何をしてらしたかを思い出せず。唯一思い出したのが、ブラッシング。そんなわけで今、乾かしてとかして。猛烈に髪の毛に優しく生きております。髪の毛よ、今までごめんんね。

他にも〝タマネギ切る時、水中メガネしても結局涙出る〟や〝自分で髪切ってみたらガッタガタ〟〝オバサン芸人、合唱にハマる〟などいろいろ気づきの多い1年でした。どうです？　どうでもいいでしょう？　自分で読み返しても、なかなかだわ。まあ来年がどうなるのかわかりませんが、こんな風に小さい事でも気づいたり改めたり。そんなの繰り返して生きてけたらいいかな。どうぞ来年も健康第一で。心豊かな一年になりますように。よいお年を。

〈今日の乾杯〉今年ラストは贅沢に白子のソテー。〝ばっきゃろー〟な一品。バターも効いて濃厚度120％。こりゃ果実味溢るる赤ワイン、ぶつけてやるとしましょう。今年もお疲れ様でした。

フレー！　フレー！

毎年恒例の仲良し・オアシズ大久保さんとのお正月旅行も今年はなし。もちろんコロナというのもありますが、そもそも1月4日が月曜日で仕事が動き出してしまう、という事でどのみち断念。そう言えば1月5日が月曜日だった2015年も海外・国内共にガッツリ旅行は難しい、となりまして。でも「せめて一泊でもどこかに行きたい！」と大久保さんのご実家に一泊させていただく、なんて事もありましたが、さすがに今年はそれもね。毎年1日に後輩ちゃん達を呼んでウチでやる新年会も、両親&兄妹家族とやる新年会も全部中止。ただただ自宅で一人、大晦日に買っておいた唯一の〝正月感〟である数の子をポリポリ食べながら、テレビ三昧。ある意味、忘れられないお正月、だな。

そんな三が日の最終日にオンエアされました「世界の果てまでイッテQ！　新春SP」。今回は〝女芸人一芸合宿〟。女芸人12人で〝ショートフラッグ〟に挑戦いたしました。この一芸合宿はだいぶだいぶ久しぶり。昨年春にそれぞれの自宅からリモートでやった〝リコーダー合奏〟はありましたが、12人が実際に揃ってこうやってチャレンジするのは一年以上ぶり。細かい事を言えば、その一年以上前にやった〝ディアボロ〟は森三中・ムーさんとバービーが見守り隊だったので、ちゃんと12人でやるというのがいつぶりなのかもうわからないくらい。毎度のことなので今回も〝どうせ〟大変なのは予想済みでしたが、12人揃って出来る事はめっちゃくちゃ嬉しく、とにかくワクワクしておりました。

舞台は栃木県。森三中・大島ちゃんの生まれ故郷です。今回の〝ショートフラッグ〟は旗とバトンが合体したような〝ショートフラッグバトン〟を二本持って演技をやる。この旗がなかなかの曲者。一本２００ｇと聞くと一瞬重い感じはしないのですが、この２００ｇを振り回す事で遠心力もかかるし、旗そのものの抵抗もあるから、腕にかかる力は相当。それを左右まったく同じ角度で回すのもやはり人間、利き手がありますからなかなか難しいし、左右違う動きで、なんてのはもっての外。

リトミックでしたっけ？　右手は三拍子、左手は四拍子の動きする、みたいなヤツ。それを幼稚園の頃だったかにやった記憶があるのですが、その時は大好きでね。なんか左右が別の体の感じがして不思議で楽しかったんです。でもね、もう50歳。そもそも肩の動きが鈍くなってきているのに、脳の感覚も相当な遅れが出てきちゃっているからそりゃ無理よ。ただただ静かに大パニックです。しかも今回の曲が「紅蓮華」でかなり速いので〝この角度に投げたら出来る〟〝ここで手首を緩めたら回る〟などいちいち考えている暇がない。とにかく感覚を体にたたき込まないと出来ないのです。まさに〝考えるな、感じろ〟、「燃えよドラゴン」です。

　ただやはり平均年齢38歳の集団。しかも女芸人軍団の〝トニセン〟は全員40代プラスわたくし50歳ですから。衰えはちゃんと進んでおりました。それが自粛で体力が落ちたからなのか、それともただ1年以上分、歳を取ったからかはわかりませんが、今回今まで以上のダメージを実感。疲れはもちろんですが、肩、腕、手首、指、腿、膝、足首などなど挙げだしたらキリがない全身の痛め方。練習場の端っこに設けられたマッサージコーナーにはマッサージ&テーピングを待つ〝トニセン〟の列が。「助けてください！」体育館の端っこで痛みを叫ぶ。そんな映画、誰も観ないか。でもホントにいくらやってもなかなか感覚がわからず今回はかなり苦戦しました。とにかく手に回す感覚を慣れさせたくて、宿の部屋にも旗を持って帰ろうとしたら、AP杉原さんに見つかって旗を取り上げられた。「やり過ぎです」と。まるでおもちゃを取り上げられた子どものように、旗を持っていかれる50歳。情けないぜ。

　とにもかくにも皆、ホントにいっぱい練習をしましてね。疲れがピークだったんだろうな。3日目の朝、今までそんな事一度もなかったのですが、歯を磨いていたらうまく力が入らなかったのかスッと歯ブラシが口から抜けちゃいましてね。もちろん鏡の前で磨いていたのでその様子はわかっていたのですが、そのシュッシュッと磨いていた手は止まらず、そのまま歯ブラシで頬を数回擦る、というなんとも恐ろしい出来事が。

あと私は演技の最初で投げ技をしなきゃいけなかったのですが、その感覚がとにかくつかめず。何回かに一回はキャッチ出来るのですが、それもホントにたまたまで。〝こう投げたらこう落ちてくる〟みたいな確実なものになるのは遠き道のり。とにかく延々投げて練習していた時、上から落ちてきた旗が見事に鼻のセンターに激突して何十年ぶりかの鼻血。旗は回したり投げたりする為に重りが入っているので、ちゃんと痛い。旗を投げたら上を見て、ヤバい場合避ければいいだけの話なのですが、その時はなんか動けず。ただただまっすぐ自分に向かってくる旗をそのまま体で受け入れた。

他にも毎日テーピングをしていたので、ボディクリームが塗れず（塗るとテーピングがはがれてしまう）肌がガッサガサの真っ白になったり、トリックアートにまんまと騙され鏡に激突したり、日光東照宮で「この石触るとなんかイイらしいよ」というざっくりした情報からみんなである石を撫でていたら通りすがりのおじさんに「その石じゃないよ」と言われたり。いろんな事がありましたが、やっぱりみんなで一生懸命練習して、楽しい恒例カラオケ大会で大いに笑い、栃木の美味しいものもいただき、そしてめっちゃ緊張&集中して12人でやった本番。結局、楽しかったなぁ、と。すごく楽しかった。今年もまた踏ん張ろう、と思えた、そんな時間でした。

よし、じゃあ最後もせっかくなので旗をもう一振り。フレー！　フレー！　2・0・2・

ー！　フレッフレッ！　チキュウ！　フレッフレッ！　ニンゲン！　ワーーーッドドン！
今年もよろしくお願いいたします！

〈今日の乾杯〉そんなわけで私の唯一のお正月・数の子です。小さい頃はなんかあんまり興味がなかったんだけどなぁ。年々好きになってくる。もう味付きのものを買ったので甘くなりすぎないよう、あえておかかはかけずにでそのままポリポリ。日本酒グビリ。はい、十分お正月。

優秀病棟 素通り科

我が劇団・山田ジャパン公演「優秀病棟 素通り科」@本多劇場。無事に12公演、完走いたしました。

今は公演が終わった翌日。この奇跡を嚙みしめながら書いております。今回はいろんな事が特別でした。まずはやっぱりこのご時世。そもそも昨年、4月あたまに公演やる予定でしたが、本番の1週間前に中止が決定。今回もまた緊急事態宣言が出るとなった時、正直一瞬思いました。「またダメかも。」でも国のガイドラインや各所との協議の結果、新たに何かない限りはやる、という事に。

ただそうなったらなったでやる事は山積み。個人個人の健康、まめな消毒はもちろんの事、製作さんや後輩たちが早く来て稽古場のあらゆる所の消毒を徹底的にしてくれた。ありがたい。稽古中も1時間に一度換気タイム。汗ばむ稽古からの真冬の冷気はなかなかの地獄。温度調節が難しかった。そして稽古中はずっとマスクのまま。劇場入ってからの場当たりで初めてマスクを取ったので、顔の下半身が想像と違う顔していた時は面白かったなぁ。

ＰＣＲ検査もやる度、緊張が凄かった。特に公演1週間前の検査はちょうど検査数が増えた時だったからか結果がすぐに来なくて。全員が陰性とわかった時、安堵のあまり泣けてきた。

そうして迎えた小屋入り。実はこの本多劇場、山田ジャパンにとって特別でして。2008年6月25日、下北の小さな地下の劇場・楽園で山田ジャパンは旗揚げ。その隣にあるのが本多劇場で。階段の上にあるその大きな劇場を見上げながら「いつかここに立ちたいね」と言ってから12年半。11人いた旗揚げメンバーも今では座長と私と羽鳥由記ちゃんの3人だけですが、21人の大家族となって本多の舞台に立つ日が来るなんて。

その感動が大きすぎて小屋入りの日、みんなは朝から入って舞台や楽屋を作ってくれてお りましたが、私は収録があったので夜到着。荷物置いて舞台袖に行った瞬間、急に感情が溢れてきて涙が止まらなくなってしまった。その様子を見た由記ちゃんが一言。「あ、うちらはもう朝泣いたんで、今は大丈夫です。」正確には旗揚げにはいなかったけど第2回公演からいるので同じ初期メンバーの横内亜弓も「みんな時間差で感動しますねぇ」と笑っている。そのまま自然な流れでその初期メンバー4人集まり、本多劇場入り口の階段で記念撮影。私だけうっかり完全な泣き顔でしたが、あの湧き出してくる喜び、幸せを感じていたのは4人同じかと。あの瞬間、たまらなかった。

そして今回の舞台「優秀病棟 素通り科」。元々私は座長・山田能龍が書く本、そして言葉がとにかく好きでこれまでずっとついてきたのですが、今回の本は特別だった。物語はふぉ〜ゆ〜福田くんが演じる主人公・飯塚哲人が自らこの世を去ろうとビルから飛び降りているのを、たまたま下を通りかかった私演じるおばさん・梨田喜久枝がキャッチするところから始まる。パンフレットのあらすじを引用すると〝不思議な縁は転がり、哲人は悲惨な道のりを歩んできた喜久枝の人生を知ることに。一方、充実した人生を送り、周囲からも愛されているようにしか見えない哲人は何故そんな決断をするに至ったのか。〟二人の人生を語りながら、哲人の〝辛さの理由〟を探っていく。そんな一晩のお話。

ここ数年私は誕生日や新年に目標を聞かれると必ず「生きる！」と言ってきた。と言うのも数年前、フィリピンの小さな島で現地の方から〝1歳のお誕生日を島をあげてお祝いする〟と言う話を聞きまして。理由は〝1歳まで生きる事が凄いから〟。衝撃だった。簡単な事ではないのはもちろんわかっていたのにどこか当たり前になっていた〝生きる〟の凄さを改めて叩きつけられましてね。

それから〝生きる〟が目標になったんです。更にはこんな世の中になってその事をより考えさせられる今、出会ったこの物語。その中に大好きな台詞がある。

「幸せのバリエーションなめんな」

強くて深い言葉。幸せってそれぞれですよね。人から見たらちっちゃい事でも本人にはおっきな幸せだったり、逆にどう見てもでっかい幸せなのに、そう思わない、思えない事だってある。ただ私はそのフィリピンの島で教えてもらった〝生きている〟だけで凄いんだという感覚がバチコン入っちょりますから。はっぱ隊も歌ってましたよね。〝やったやったやったやった息が吸える息が吐ける〟。究極。でもそういう事なのかな、と。幸せは大きさ関係なくたくさんある。

劇場入ってからもスタッフさんのご尽力で各所の消毒、体調チェックはもちろん、各種エリア分けなどとにかく出来る事は全部やった。お客様にもいっぱいご協力いただきました。舞台から見るマスク着用（一列目の方はフェイスガードも）で一つおきの座席に座るあの光景、一生忘れない。本当に感謝です。

今回は生死を扱った作品だったし、台詞量ももの凄かったのもあって、気力も体力も半端なく必要な舞台だった。元々不器用で台詞以外の言葉が入ってくるのがダメで舞台前は新聞や本も読めなくなるのですが、今回は更に音楽もテレビもダメで。ずっと無音の中で暮らしてきた。

洋服も仕事終わりで稽古場に飛び込む事も多かったので、いちいち着替えるその数分ももったいない、と一ヶ月パコ美&Ｍｒ．パーカーＪｒ．のパーカーとトレパン、と言う２パターンの稽古着のみ。

食事も作る時間がもったいないとほぼ毎日コンビニのおにぎりで過ごした。この熱量を冷ますかのように、窓の外は雪がめちゃくちゃ降っております。ああ、終わったなぁ。

そう言えば座長がインタビューで今回の舞台の事を「落ち込んで真下を向いていた人が斜め下ぐらいまで目線を上げられる舞台を目指す」と語っていた。そうなっていただけていたらいいなぁ、と願いつつ。そしてこの舞台に関わったスタッフの皆様、劇団員、劇場で、または配信でご覧くださった皆々様、更には山田ジャパンの歴史の中にいた全員に心からの感謝を申し上げたい。本当に本当に本当にありがとうございました。そしてこれからもよろしくお願いいたします。さ、ＨＤＤに溜まりに溜まった番組、少しずつ観ていくとしますかね。

〈今日の乾杯〉お正月にリモートでやった伊藤家新年会の時に食べたフカヒレ煮込み。以前結婚式の引き出物でいただいたカタログでチョイスしたもの。茹でた青梗菜をたっぷり添えて。よく考えたらこの時を抜かしたら舞台稽古のこの1ヶ月半、お酒飲んでない。よし、一人打ち上げでもやるか。

ランチ

まるで春のように暖かい、ある日の昼下がり。大久保さんからLINEが来た。

「ランチしませんか？」

え？　ランチ？「今夜飲みませんか？」じゃなくて、ランチのお誘い？　ちょーっと待って、プレイバックプレイバック、ですよ。しかもお店で、じゃなくて〝友人宅の屋上〟で、です。実は私と大久保さんの家のちょうど真ん中ら辺にある友人宅は屋上付きの二階建ての一軒家。その屋上は一面芝生が敷き詰められており、ベンチやテーブルセットもあってとにかく快適。寒くない日は夜、そこで飲んだりしていたのですが、今回はランチ。ちょっと遅めの14時くらいからいかが？　と言うのです。

多分、多くの方にとって普通であろうこの会話に何テンパってんだ、って話でしょうが……仕方ない。私、ランチ、知らないんです。あ、もちろん〝ランチ＝昼食〟は知っていますよ。そういう事ではなく、自分の歴史を何年、いや、十何年振り返っても〝ランチ〟の記憶が出てこないんです。そりゃ昔は友達とどっかのお店でランチしたり、今だって打ち合わせの為にファミレスで待ち合わせしてランチしながら、なんて事もありますが、友人とのプライベートな約束は〝夜〟の〝飲み〟オンリー。そもそも仕事柄か学生時代の友人からも同業者からも「ランチしようよ」なんてお誘いもない。そんな私に「ランチしませんか？」は衝撃的な言葉だったのです。

この日夕方から仕事だった私は15時半くらいまでになりますが、ちょうど「お昼どうしよう？」と思っていた時だったので、ちょいとだけ参戦させていただくことに。「何か買っていきますか？」とLINEすると「持ち寄りな感じで。でもうちらでまずまず用意するから軽めで大丈夫です」とのお返事。よし、〝軽め〟で〝持ち寄り〟な〝ランチ〟を買いに行こう。いつものメンバーっちゃぁいつものメンバーなのですが、一応〝女子三人小春日和の屋外ランチ〟ですから。シャレオツなお惣菜がありそうな成城石井に行ってみた。

さすがお昼時。美味しそうなお惣菜が勢揃い。それらを見ながら私、思いも寄らない大きな壁にぶち当たったのです。それは、〝何を買ったらいいのかわからない〟。おつまみならわかるんです。今日は何々を飲むからコレが合うなぁ、なんてその日のメニューがどんどん決まる。ただ今回は〝ランチ〟、しかも〝ノンアルコール〟ですから。

まず、普段はお惣菜しか見ない為に通り過ぎるお弁当コーナーを物色してみる。パスタやカレーも具だくさんで美味しそうだし、サンドイッチやお寿司の盛り合わせも色合いが美しく素敵。いや、待てよ。「まずまず用意する」って言ってたからな。もしかしたらこういう主食系はもうある可能性が高い。じゃあ〝おかず〟を見てみよう。いやいやいやいや、ジュースやお茶に合うおかずって何だ？　どうしよう、まったくもってピンと来ない。ご夫婦やお子さん連れのお母さんが次々にお惣菜を籠に入れていくのを横目に立ち尽くすこと10分。悩みに悩んだ挙げ句、結局主食とおかずの中間である（と思う）焼き餃子、米・パン・パスタなど何にでも合いそうな牡蠣フライ、気軽につまめるプチトマト、そして〝残ってもまたいつか食べればいい〟なチーズをチョイス。

飲み物も以前腰の骨を折って半年近くお酒を飲まなかった時、いろいろ試した結果、食事に合うお茶以外のソフトドリンク2トップとして私の食卓に君臨していた辛口ジンジャーエールと炭酸水も購入。ただこれで二人に「これじゃあおつまみじゃん！」と言われずに済む確証もないし、二人が準備してくれている〝ランチ〟と合うかもわからない。若干の不安を胸に抱え、その〝おかず〟たちと友人宅へ向かいました。

到着すると二人はすでに屋上で〝ランチ〟を始めていた。私は言い訳しながら屋上への階段を上った。「遅くなりましたぁ。ホントにちょっとしか買ってこなかったですよぉ。ただランチがよくわからなくてぇ。これで大丈夫ですかねぇ？」と買ってきたものを差し出すと同時に見えてきた、テーブルの上に広げられていた〝ランチ〟たち。唐揚げ、ちくわ磯辺揚げ、軟骨揚げ、ささみの明太子和え、クリームチーズと八朔のオリーブオイル漬けなどなど……あれ？……ランチ？　横のテーブルにはワインが氷で冷やされていて、二人は缶チューハイを飲んでいた。「お、来たね。お先やってまぁーす」と大久保さん。おしゃれな洋楽も流れていて、その光景はもう「パー（↘）ティ（→）」じゃなくて「パー（↗）ティ（↗）」で発音される方のパーティだ。結果、私の買ってきた〝おかず〟はあっという間に〝おつまみ〟と化し、テーブルに馴染んだ。

そんなわけで私は1時間半のみの参加でしたが、なんとも平和で楽しき時間だった。馴染みのメンバー三人なので喋る事も途切れないし、別にボーッとしていてもいい。友人のワンコ＆パコ美が芝生を駆け回ったり、ちょっと暑くなると日影に隠れようとしたり。たまにい い匂いがするんでしょうね。テーブルの上のおつまみたちを狙いに来て大騒ぎになったりと、なんともほのぼのとした時間。気づいたら何度も「ああ、ぼかぁ幸せだなぁ」と加山雄三さん的な台詞を言っていた。暑いくらいの晴天の中、たまに気持ちいい風が吹くと「ああ、幸せだぁ。」磯辺揚げを一個取ったら軟骨揚げも一個くっついてきて「こりゃ幸せだ。」大久保さんがかけていたのがブルーノ・マーズの「Marry You」で。この曲も知っていたし、ブルーノ・マーズも知っていたけど、それがこの時初めて一致しまして。しかも〝ブルー・ノマーズ〟じゃなくて〝ブルーノ・マーズ〟だって知れたのも一歩進化（？）でなんか、いい。うん、ぼかぁ幸せだなぁ。

本当にお天気がよく太陽がキツ過ぎたようで1時間半しかいなかったのに、その後現場着いて鏡見たら顔が赤くなっていた。元々ロケ焼けでしょっちゅう黒かった私も、最近はそんなにロケもなく焼ける事もないから、これもなんか、ちょっとだけニヤニヤ。いやはや、こうやってお天道さまにご挨拶するのもいいもんですね。でも今度は私も飲める日で是非是非お願いします。

〈今日の乾杯〉それこそ先日打ち合わせで行ったロイヤルホスト。〝冷製コンソメジュレ&フラン仕立て〜いくら・蟹・海老〜〟だそうです。とても高級な一皿。この日は車だったし、打ち合わせだったし、でそのままいただきましたが、これ絶対ワインか日本酒だぜ。必ず、いつか。

99秒の壁

先日オンエアした「超逆境クイズバトル!! 99人の壁 春の音楽祭りSP」。その中の〝99秒の壁〟というコーナーでわたくし、ドラマソング対決をさせていただきまして。この戦いは一騎打ち。交互にクイズに答えていき、それぞれの持ち時間である〝99秒〟を先に使い果たした方の負け。お相手は星野さんと言うお方。今までフジテレビドラマ再放送の編集を1200本もした、言わば〝ドラマのプロ〟です。一方私は、ただの〝ドラマ好き〟。しかも記憶力にかなりの〝難あり〟。もう朝何していたかもよく覚えていないくらいですから。昔のドラマのタイトルやら名前やらがスッと出てくるわけがありません。

なので本番前の打ち合わせでスタッフさんが「とにかく楽しんでいただければ」とおっしゃってくださっているのに「いやホントに記憶がないので」「申し訳ないですがまさかの何にも答えられない可能性大です」「ただドラマの映像観て興奮して終わったらごめんなさい」と弱音オンパレード。ここまで言っておいて結果、まさかの私の勝利。スタッフさんに〝存分にハードルを下げる〟壮大な前振りをしたみたいになってしまい、恥ずかしいやら申し訳ないやら。

何はともあれそんなこんなでめっちゃくちゃ楽しい時間でした。今回スタジオには〝壁〟として、一緒にラジオをやっている文化放送・砂山アナも参加しておりまして。普段浜松町でしか会わないのにお台場で、しかもテレビで一緒、なんてちょっと気恥ずかしいけどかなりワクワク。あと途中「最初に観たドラマは『あばれはっちゃく』かな」なんて話をしたら、やはり〝壁〟で参加されていた純烈・酒井さんが「俺、五代目だよ！」と。はっちゃくのお父さんの名台詞「てめぇの馬鹿さ加減には父ちゃん情けなくて涙出てくらぁ！」で盛り上がったり。

そんな中で大好きなドラマのVTR流れまくりですから、テンションぶち上げ状態でございます。特に「ロングバケーション」最終回の瀬名と南のキスシーンが流れた時、もう甲高い「キャー！」が出ない私は深く低い「ギャー！」の声と共に悶絶。「南ー‼」「瀬名ー‼」堤防の上でお互いを目一杯の声で呼び合い抱きしめる。そこへ♪まわれまーぁわれメリィゴオラウンド、ですから。山口智子さんみたいに白シャツ&Gパンを着て、異性との〝うっかり同居〟に憧れ、その部屋に絶対にグランドピアノ置きたかった〝あの頃〟にあっという間に引き戻されちゃいまして。

わかっていますよ、ええ。あのロンバケを観ていた26歳の頃から自分がどれだけ大人になっているか。だってあちこちの衰え、止まりませんから。例えば先日、自宅の机で書き物をしていた時の事。2時間ほどしてトイレに行こうと立ち上がった瞬間、突然膝に激痛が。その場に崩れ落ちてしまいまして。あまりに痛くてほんのちょっとも動けない。何かあった時の為にお風呂場にまで持っていく携帯電話も、こういう時に限って絶妙に手が届かないテーブルの上。気を紛らわす為にテレビをつけようにもリモコンも遠いし、立ち上がってテレビをつけるなんてもってのほか。ただただフローリングの冷たさが少し痛みを緩和してくれる事を祈り、床に膝をなすりつけて痛みが引くのを待ちました。

その10日後、ソファでゴロゴロしていた時にテレビのリモコンを取ろうと、横着してそのゴロゴロ状態のままテーブルに手を伸ばしたその瞬間。急に心臓辺りの筋がピキッとつって息をするのもキツくなる、と言う恐ろしい目にも。もう原因不明の〝のたまわり〟事件パート2ですわ。

他にもずっと同じ場所にあるはずなのに何度もベッドの角に足をぶつけて擦りむいたり、延長コードに足をひっかけて転んだり。二つの事を思いついたので忘れないようにメモしようとしたのですが、一つ目書いている間に二つ目忘れちゃったり。コップでお茶飲んでいて、減ったから注ぎ足したんですね。なのにそれをすぐに忘れて少ない感じでコップを傾けてしまい、たっぷりのお茶をガッツリ浴びてしまったり。

一番ひどいのはキレが悪くなった包丁を研いだ時。研ぎ終わって包丁をゆすぐその時には、も。
もう切れ味がよくなっている事忘れて手を切っちゃう。今やあちこち切りすぎて手のひらに新たなる線、入りまくり。今また手相見てもらったら、言われる運勢だいぶ変わっているかも。

とまあだいぶひどい、ですよね。そんなこんなで挙げたらキリが無い、自分の〝衰え〟のほんの一部を羅列させていただきましたが、何を言いたいかと申しますと、今こんな状態なのにこうやってドラマに触れたらその瞬間、昔と変わらないテンションで興奮し、スッと一瞬でその世界の中に入り込めてしまう。そのドラマの魅力の強さ、そして〝あの頃〟に引き戻すその力、凄くないですか？って話です。そしてそこには絶対的にドラマ音楽の力もあって。「ラブ・ストーリーは突然に」のイントロ♪トゥクトゥーンが聞こえたら「かーんち！」って言っちゃうし、カチューシャもしたくなるし、人前では涙を見せない明るい女になろうとしちゃう。MIEさんの「NEVER」が聞こえてきたらチェーンを振り回す気持ちで腕を回しながら「この物語は……」と芥川さんの語りを始めたくなっちゃう。どれだけ自分が衰えようが1ミリも衰えない〝ドラマ〟の力。そして何故か忘れないドラマの記憶。いやぁ、ドラマって本当に素晴らしいもんですね。

そう言えば今回勝った賞品として〝ドラマDVDを買いまくれるように全国で使えるギフト券10万円分〟がいただけるとの事。何買っちゃおうかなぁ。これだけ話しておいてまさかの持っていない〝ロンバケ〟はマストで、月9シリーズ集めるのもいいな。「スチュワーデス物語」を始めとする名作だらけの大映ドラマも揃えたいし、〝ブギ三部作〟も最高。ウチのDVD棚にそれらが揃うのを想像したらニヤニヤが止まらない。とりあえず今宵はその棚から連ドラ時代の「北の国から」を引っ張り出して、第1話からじっくり観つつ飲んじゃおうかな。ではではドラマの国、行ってきます。ルゥールル。

〈今日の乾杯〉メヒカリの天ぷら。お塩でパクッサクッ。今は20時でお店が閉まってしまうのでなかなか行けない近所の飲み屋さんの一品。昔撮った1枚をぱ。またゆっくり飲みに行きたいなぁ。やっぱりパクッサクッグビッ、だよね。

メレンゲの気持ち

２０２１年3月27日土曜日13時半。１９９６年4月6日から放送されてきた「メレンゲの気持ち」が25年の歴史に幕を下ろしました。25年。すごいなぁ。私は１９９７年4月にお笑いの世界に飛び込んだので、番組が始まった時はまだ〝芸人になること〟も〝テレビに出るようになること〟も〝メレンゲのMCになること〟も思ってもいなかったわけです。

それが２００１年7月、〝電波少年的15少女漂流記〟で無人島生活から生還した8人のグループ・8／15（エイトパーフィフティーン）の一員〝伊藤麻子〟として初めて「メレンゲの気持ち」に出演する事に。ただ、まあホントに何も出来なくて。そりゃあそうですよね。27歳でお笑いを始めて3年目で無人島に半年連れてかれて。今はすっかり〝お喋りオバサン〟となりましたが、あの頃はテレビなんてもちろんほぼ出た事ないですから話し方もよくわからず。そのあまりの出来の悪さに落ち込みまくりまして。帰り一人トボトボ市ケ谷駅に向かい、駅の2階にあったお店の窓際のカウンター席に座り2時間ボーッとしたのは今でも鮮明に覚えている。「もう一生テレビに出る事はないんだろうな。」そう思った番組にその10年後、MCとして舞い戻る日が来るなんて。人生とはわからんもんです。

２０１１年10月1日、芦田愛菜ちゃんが史上最年少MCと言うことで話題騒然の中、こっそり一緒に仲間入り。その後も、ももクロ夏菜子、真麻、三吉ちゃん、尾上松也くん、伊野尾せんせー、村上佳菜子と共に10年近く居座りました。本当にたくさんの方のお話を伺ったなぁ。普段絶対にお目にかからないような方も大勢。スタジオを飛び出し、おでかけロケもやりました。ただ何故かお天気悪いことが多く、沖縄に行った時はもの凄い雨で外に出られず。部屋で栗原類君が覚えたてのタロットしてくれた。出来たばかりのスカイツリーを隅田川から見上げようと船に乗って行った時も天気が悪すぎて〝てっぺんが見えない〟のレベルではなく、地面から何も見えず。本当にそこにタワーがあるのか？とみんなザワザワした。海外も行きました。マカオに行った時は夜、スタッフさん数人とホテルの部屋で飲む事に。その部屋に赤ワインが1本あったのですが、ドリンクの値段表には載っていない。フロントに電話して、つたない英語で聞きました。「プリーズテルミー　ハウマッチ　レッドワイン　インマイルーム。」すると答えは「It' s free.」えー!?　ワインがタダ!?　こんなに英語が喋れないのに生まれて初めて自然に「リアリー？」が出た。「アメイジング！　アンビリーバボー！　ソーハッピー！　サンキュウ！」知っている英語をフルで使ってホテルの人に喜びを伝えた。

いろんなピンチもありました。２０１８年1月、25年の歴史の中で一回だけ久本さんがインフルエンザでお休みになった時。正月休み明けすぐだったので、聞かされたのも前日。しかもこういう時に限って新コーナーで佳菜子も中継の為、外へ。伊野尾くんと汗ダクダク収録したのは忘れられない。他にも収録中、急に喉がイガイガする事が何度かありまして。それが我慢すればするほど咳が出てきて。するとテーブルを挟んで真っ正面に座っている久本さんがそれをいち早く察知。ご自分ののど飴をテーブルの上シャーッと滑らせ投げて下さった。観覧のお客様には見えていますがカメラには映っていませんから。久本さんは喋ったまま。私も上半身は動かさずノールックでキャッチ。一粒頂戴して、またテーブルの上をシャーッ。お返しする。何度も助けていただいた。逆に久本さんがイガイガになった時は私もすぐ気がついて、久本さんが復活するまで話を繋ぐ。その時、久本さんが目で「あさこ、よろしく」と言ってくださっているような気がして。それがなんか信頼されているようで凄く嬉しかった。

最終回はMC4人でロケ。佳菜子のバンジーに始まり、皆でいっぱい写真を撮って、途中石塚さんと豪華な食べロケもして。最後はいろんな出し物アリの宴会で〆。初回からナレーションを務められた清水ミチコさんのライブもあり、とにかく皆でいっぱい笑って、いっぱい泣いて、いっぱい感謝した。カメラが止まった後も初期のスタッフさんがたくさん駆けつけて。改めて25年の凄さと、皆さんがどれだけ番組を愛していらしたのかを感じまくった。

普通ならこの流れで盛大な打ち上げへ！　となるのでしょうが、やはりこのご時世。もちろん無し。仕方ないけど、寂しい。正直まだまだ長きに渡ってお世話になった皆さんと喋りたいし、何はともあれ25年駆け抜けた久本さんに心から「お疲れ様でした！」を伝えたい。するとスタッフさんが「今日このまま終わるのもイヤなので、どうです？　リモートで集まりません？」なんと演者用におつまみが何十種類も入ったお弁当までご用意下さっていて。最後の最後まで、感謝。

自宅に戻ると、急いで打ち上げの準備です。まずいただいた大きな花束を飾り、その横にスタッフさんがMC4人それぞれの為に選んでくださった100枚以上の写真が入ったデジタルフォトフレームを置く。伊野尾くんがくれた「メレンゲの気持ち」のロゴの入ったパーカーに着替え、例のお弁当を取り出す。その美味しそうなおつまみ達にニヤニヤしながら、久本さんに頂戴したグラスに氷と、私がMCになって最初の頃ずっとお世話になっていたスタッフさんからいただいた日本酒を注いで準備完了。あらやだ私、頂き物のみで打ち上げ準備出来ちゃった。イヒヒ。

結局3時間続いた宴はただただ平和で優しく楽しき時間でした。途中、寝ちゃう人もいて。その感じもなんだかとてもよかった。本当に9年半もの長い間、めっちゃくちゃお世話になりました。久本さんを筆頭に、ゲストにいらした諸先輩方のお姿を見ていると「ああ、この先、生きていくのが楽しみだ」と心から思えた。正直、今はまだちょっと不思議な気分。寂しいのは確かなのですが、どこか実感がない、と言うか。それだけ観る側としても出る側としても「メレンゲの気持ち」が土曜のお昼の当たり前の存在になっていたんだと思います。

とにかくいっぱいの皆々様に向けて、大きな声で。

「本当に本当に本当にありがとうございました!!」

〈今日の乾杯〉これがその豪華オツマミ弁当。ちなみに私は左上の蟹クリームコロッケを最後の一口にしました。久本さんにいただいたグラスに日本酒を注いで。お疲れ様でした。

おばキャン

三回目のキャンプ、行ってまいりました。今回は前回の〝氷点下キャンプ〟を一緒に戦った森三中・村上嬢と。その時はムーさん一家と一緒でしたが、今回は二人だけ。ずっと言っていたんです。「〝おばキャン〟したい。」

【おばキャン】おばちゃんだけのキャンプのこと

ムーさんはいつも家族、または友達家族と一緒にキャンプしていて、一度おばちゃんだけのキャンプをしてみたい、と。なので今回はおばちゃんの、おばちゃんによる、おばちゃんの為のキャンプ。要はただひたすら〝のんびり〟です。

目的地は長瀞。私が初めてのキャンプした場所です。急に行く事になったのでダメ元でHP見たらなんと1箇所だけ空いておりまして。しかも川沿いの岩に囲まれたプライベート空間なサイト。わお、逆にラッキーだぜ。

ただ、またです。天気予報、悪し。第一回は雨、第二回は氷点下。そして今回、週間天気予報によると〝春の嵐〟。しかもちゃんと、雨。すぐうしろシティ阿諏訪師匠にメールで報告。「師匠、嵐と戦ってきます。」すぐに返事をくださる師匠。「試練のような自然にぶち当たる運命の子ですね！　風で焚き火が飛んで火事にならないように。あとまだまだ夜は冷えるので防寒を。桜があるといいですね！」ああ、なんて素晴らしい返信。注意事項も伝えながら、最終的に〝ワクワク〟でしめてくれる。桜、見られたらいいなぁ。

当日はまずムーさんちに車でお迎え。春休みでおウチにいた娘ちゃんに「ごめんね。明日のお昼までお母さん借りるね。」「うん、いいよ。」「ホントにごめんね。今回『おばキャン』だからおばちゃんしか行けないの。」「うん、お父さんもおじさんだから行けないんだよね。」くぅー！　可愛いぜ、ベイベー！　一生懸命理解したんだね。車が見えなくなるまでパパと一緒に手を振り続けてくれた娘ちゃん、ありがとう。おばキャン、行ってくるよ。

今回は12時チェックインだったので10時頃出発。お互い持ってきた食材を発表したり、コンビニで買うものを確認したり、と食べ物の話多めで長瀞に向かう。道中、早速あちこちで桜が咲いていて。しかもいろんな種類の桜があってとにかく美しい。空はどんよりだったけど、すごく明るい気持ちになった。

12時ちょっと前に到着。すでに何台か車が並んでいたので待つ間、キャンプ場近くのコンビニで空腹が我慢出来ずに買ったメンチカツを車内で食す。まだ温かい。食べ終わると同時にお兄さんが窓をコンコン。手続きと注意事項を聞き、いざ我がサイトへ車を進める。……ん？　え？　ここ？　馬鹿みたいに、広い。資料によるとなんと３３６㎡。急な予約でたまたま一カ所だけ空いていた所だから広さの確認していなかった。しかも車も超普通車だから、車を停めたとて広大な土地が余っている。さあ、何からどうしよう。とりあえずまずテントか、と思ったらムーさん。素敵な提案をしてくれた。「まず飲もう。」そうだ、今日は〝のんびり〟に特化したキャンプだった。予報だと雨は17時頃からなのでテントはまだいい。まずは2時間のドライブの疲れを取ろうではないか。車から椅子とテーブルを出して組み立てる。せっかく広いのに「いろいろ置くのにちょうどいい岩がある」とものすごく端っこに設置。テーブルの上に缶ビールと皿と箸を並べる。とにもかくにも、乾杯。ああ、すっごく休みっぽくていい。ムーさんがおウチで作ってきてくれたお漬物や生ハムで巻いたスナップエンドウをツマミながら大好きな焚き火台を準備……しようと思ったら、そう言えばまだ薪を買ってなかった。でもそんなわけでテーマは〝のんびり〟ですから。ひとまずキャンプ用のちっちゃいカセットコンロを出しまして、これまたムーさんお手製スパイスに漬け込んだ鶏の手羽中を焼く。やっぱりムーさん飯は最高です。

十二分に一息つきたおしたところで動き出す二人。まずは薪を買いに売店へ。お姉さんが昨年来た事を覚えていてくださり、しばし世間話。サイトに戻るといよいよテントです。〝いつか大久保さんとキャンプする時に一人でも建てられる二人用テント〟でしたが、結局今回もムーさんと協力しながら建てていきます。だいぶ組み立て終わった時に骨組みのポールの向きが逆さまなのに気づき、一瞬〝もうテント無視で地べたで寝る〟説が浮上しましたが、いやいや。時間ありますから。しかも一杯やってからですからね。こちとらとても元気。一回バラして、再度建て直す。コットやら寝袋やらもついでに全部セットしまして、まだ15時過ぎ。あとはもう眠くなるまで食べて飲むのみです。

焚き火をつけたらまずサバ缶を火にかけ、上からとろけるチーズをのせてグツグツ。ハムと長ネギのアヒージョ、キムチ鍋（〆はもちろん辛ラーメン）などなど少しずつ作りながらビールとワインをグビグビ。キャンプ場は満員でしたが、目の前の荒川の音にかき消されているのか、ほぼ人の声はせず。時々隣のサイトの小さい姉弟が〝わざわざ広い所の端っこでおばさん二人が飲んでいる〟が不思議なのか覗いてきたり。逆側の隣の子が無心で縄跳びを跳び続けているのを微笑ましく見たりしつつ、またグビグビ。「なんかいいよね。気の置けない友達とだから好きな時に好きなもの食べて、好きなもの飲んで。無理に喋らなくてもいいしね。」そう言いながら結果ずっと喋っておりましたが。うふふ。

結局〝春の嵐〟は吹かず、雨も20時頃だったからだいぶゆっくり出来ました。夜中はなかなかのどしゃ降りでしたが、翌朝5時にはピタッと止んで快晴に。雨が止むと同時に目覚めたおばちゃん二人はコーヒーを淹れ、昨日使った食器などを洗い、濡れたものを太陽に当たる所で干し、ムーさんが作ってくれたホットサンドを頬張り、鳥のさえずりを聞きながら川を眺める。ってな感じにのんびりゆっくりしていたら、あっという間の10時過ぎ。帰りに通りすがりの道の駅にも寄り、地元の野菜やら果物やらを買って帰りました。

〈今日の乾杯〉おばキャン、とてもよかった。って、そもそも私はいつもおばキャンか。さあて、次回はどの〝おば〟と〝キャン〟出来るかなぁ。ああ、楽しみ。焚き火をつけて最初のおつまみ。このサバ缶は〝トムヤムクン〟味。サバの身もしっかりしていて、トムヤムクンもピリ辛&マイルドで最高。チーズとろとろが合わないわけありません。焚き火の興奮も相まってビール、進むぜ。

古都

毎度のことながらどう見えているのかはわかりませんが〝こう見えて〟わたくし、古美術、って表現でいいのかな。古きものが大好きで。と言っても別に「この壺は相当なお値段ですよね。」とか「この皿は今まで一体どこに隠していたんです？」みたいに目利き的なことはもちろん無理。ただただ古き良きものを見るのが好きなんです。神社仏閣、更にはそういうところの宝物が公開される、なんて聞いたら見に行きたい。古墳からの出土品なんて大興奮ですし、歩いている時にその場所や物の起源やらいわれやらが書かれている立て札を見つければ読まずして進むのは出来れば避けたい。以前イギリスに行った際はあえて大英博物館のすぐ近くの安宿をとって毎日エジプト展示室へ出向き、ロゼッタストーンやミイラを飽きるまで、って結局まったく飽きる事はありませんでしたが、とにかく見まくったものです。

これは完全に母の影響。母が昔から好きで、小さい頃は何度か博物館に連れてってもらったりしました。家族で奈良に行って、本物を見る旅もした。とは言え子どものあさこちゃんがその良さなんかわかるわけもなく、正直どんなものを見たのかも覚えていない。今思い出せる思い出といったら、ホテルで朝食をいただく時に窓際にケーシー高峰さんがいらした事くらい。私にとって初めて会った芸能人で。それから何十年か経ってお仕事でご一緒させていただく機会があり、その時の事を話すとニコニコ笑って聞いてくださったのは忘れられない。

修学旅行で奈良・京都に行った時も〝もちろん〟何を見たのかなんて覚えておりません。しかもウチの学校は小中高繋がっているのに、小学校・高校共に修学旅行は奈良・京都と同じ場所。つまり2回も行っているんですけどね。思い出すのは夜、先生に見つからないように部屋を移動してみんなでお喋りした事や、東京では見た事なかった〝ファンタいちご〟をこっそり買ってきてみんなで一口ずつ飲んでみたり。そんな時、急に先生が見回りに来て、慌ててベッドと壁の隙間に隠れたら、ガッツリはまって出てこられなくなったり。そんな事ばかりです。

ホント、どれをとっても今考えたらもったいないけど、そうだったんだから仕方がない。でも自分も大人になるにつれ少しずつですが、そういう古き場所に行ったり、昔のものを見たりするのがどんどん面白くなってきて。だってすごくないですか？　遙か昔にどんな人がどんな環境でどんな風に考えてそれらを作ってきたのか。想像するだけで静かに、でもすごいパワーで奥底から〝ワクワク〟が込み上げてくるのです。

そんな私が先日、奈良に行く事がありまして。奈良、すごく好きなんです、私。社会の授業で年号を覚えた最初の都があった場所なのに、簡単に新幹線でビュッと行けない感じが余計になんか特別な土地に感じてたまりません。そんな奈良にて泊まりでお仕事。以前は泊まりなんて言ったら仕事終わりスタッフさんとその土地の美味しいものを美味しいお酒と共にいただく、なんてのがお決まりでしたが、今はビジネスホテルの自分の部屋で窓から見える隣の建物の壁を見ながら一人コンビニ飯&缶ビールでディナーです。コンビニに肉吸いが売っていたのが唯一関西っぽくて嬉しかったですが、あとは東京でも売っているいつものお惣菜を買っておツマミに。そんな夜ですから必然寝るのも早めになる。となると日々ただでさえ早くに目が覚めちゃう50歳。超絶早くに起きる事になるのです。その日は仕事がお昼前からとずいぶん遅いスタートなのにもかかわらず、目覚めたのは4時21分。しばらくは布団に入ったままテレビ観たり、携帯で土地を耕すゲームやったり。そうこうしているうちに少しずつ窓の外が明るくなってきましてね。急に閃いたんです。「あ、ドラクエウォーク。」そうです、周りでやっている人ももう全然いないので誰とも話せないのですが、私はまだドラクエウォークをやっておりまして。と言っても結局ちゃんとしたゲームはまったくしていなく、唯一〝ご当地クエスト〟と言う47都道府県それぞれに4つずつある〝おみやげ〟を集める、要はスタンプラリーみたいな事だけ細々とやっているのです。ちなみに奈良県は〝東大寺〟〝谷瀬の吊り橋〟〝長谷寺〟〝平城宮跡〟の4カ所。地図で調べてみると〝平城宮跡〟ならホテルから歩いて35分との事。よし、超久しぶりにお散歩でもしてみるか。

ポッケに小銭とハンカチをねじ込んでいざ出発。静かな朝。車こそ往来はあるものの、人はほとんどおらず静かな道のり。もちろん街は現代の都会の風景ですが、格別に高い建物もないですし、あと空気なのかなぁ。なんかちゃんと古き都を歩いている気分になってくる。すぐその雰囲気に入り込んじゃうんです、私。昔日本史の教科書で見た奈良時代の、あの腰のところを紐で結んだ麻かなんかの着物で歩いているような気分にまでなったりして。簡単な女です、はい。

結局、地図アプリが案内してくれた〝徒歩35分〟の場所は入り口で、南門などがあるメインの所までは更にぐるりと15分くらい進む。少しずつ見えてくるとにかく広いまっすぐな大地。何カ所か見える盛土から、ここに建物があったんだなぁ、とか、たくさんの人がいたんだろうなぁ、とか。風の音しかしないその場所で、昔の賑わいを想像する。一人ぼんやり眺めていると何か独特な、格別にゆったりとした時間が流れている感じ。奈良時間、とでも申しましょうか。なんか別世界。そんな中、時折遠くに電車が通るも、また良し。

往復2時間の散歩。急に思いつきで行きましたから、靴がつっかけしかなくて。帰りなんか痛いな、と思って見てみたら足の親指の裏に大きな水ぶくれが出来ちょりました。気づくと痛みは増すもので、えっちらおっちら足を引きずりながらなんとかホテルに帰還。ああ、いつか時間がある時、そして自由に旅が出来る世の中になった時にはたっぷりと時間をかけてゆっくり平城宮跡を、奈良を歩きたいなぁ。その時はちゃんとしたウォーキングシューズ買っていかないと、ですね。

〈今日の乾杯〉結局ギョウザは間違いない、と売っていたら買ってしまう。電子レンジもあるホテルだったのであったかい状態でいただけるのは幸せ。タレもラー油も上手に出せました。

大腸検査

　正確に言うと大腸内視鏡検査。先日初めて受けました。今まで胃カメラは何度もやってきたのですが大腸カメラは未経験。今年2月の人間ドックで先生との問診の際、「一度やっておこうか」という事になりまして。その場で予約をいたしました。手続きと説明が終わったところで看護師さんが〝検査食〟と書かれた箱を持ってきて「伊藤さん、検査前日の食事、これを食べるか食べないかですがどうなさいますか？」と。パッケージを見るとどうやらおかゆのよう。わたくし、よくある検査前日の〝食事OKタイム〟ギリギリまで、出来るだけ好きなもの食べたくて。同じおかゆでも出汁だの具で変わってくるし、具だくさんスープとかも良さそうじゃない？「もしこれを食べない場合、何をこう調理して食べろ、など何かご指示いただけるんでしょうか？」と聞いてみた。「いいえ。これを食べるか、何も食べないか、です。」あ、そっちの二択!?「これ、ください。」即決。

　何はともあれ、初めての経験。不安しかない。だって口や鼻からは胃カメラ、更にはイッテQ！でやったインドの〝鼻ヨガ〟でも変なヒモを通した事はありますが、お尻ちゃんに関してはこちとら〝出口〟だと思っていますから。痛いのか、痛くないのかもわからない。

そもそもあんなにクネクネした道のりをカメラはどうやって進んで行くのか。考えても答えは見つからずただドキドキするのみ。こうなったら、と片っ端から「大腸カメラしたことある？」と聞いていった。

いの一番に聞き、経験者だと判明した近所の仲良し・大久保佳代子嬢。大久保さんによると検査そのものより辛いのは〝その前〟だと。検査前日の就寝前、下剤を飲むのですが、翌朝早い時間からその痛みでのたうち回った、と。下剤は以前、バリウム検査で飲みましたが、だいぶ前なのと（今はずっと胃カメラなので）数回なので、下剤を飲んだら自分がどうなるかなんて覚えていない。どのみち飲み慣れてないなら〝効いちゃう〟可能性大だ。

知り合いの作家さんはまさかの「逆！」と。むしろ下剤の腹痛は大したことなくて、検査で腸にカメラが通っていく時、カーブの所が凄く痛いとの事。マネージャーなんか「俺はその痛いのがヤダから、麻酔して眠っている間にやってもらう！」いやいや、ちょいとお待ちなさいな。結局検査の前も検査そのものもすんげぇ怖くなっちまったぜ。

検査二日前の夜。「明日は検査食だし、明後日検査終わるのが夕方だからしばらくちゃんとした食事は取れない」と出前アプリをガン見で熟考。その日の晩ご飯はタイ料理に決定。二日後にはまた普通にご飯食べられるんですけどね。なんだか〝最後の晩餐〟くらいの気持ち。大好きなグリーンカレーを中心に空心菜炒めやタイ風卵焼きなど数品注文。いやぁ、美味しかった。美味しかった分、食べ過ぎたんでしょうね。翌朝、腹痛で飛び起きる、という。痛い。痛すぎる。腹痛、一日早いわ。

そんな幕開けの検査前日。検査食の日です。改めてちゃんと箱の中を見てみる。あら、なんか美味しそう。全部レトルトで朝食用に鮭のおかゆとお味噌汁。昼食は中華がゆとすまし汁。間食用にチョコクッキーみたいなのも入っていて、夕食はコーンスープ。別に全部食べなくてもいいようですが、とにかく食事は19時まで。ただこういう日に限って遅くまで仕事だったので、昼・夜は楽屋で湯煎しようと自宅から電気ポットを持って行ったら、スタッフさんがＩＨのクッキングヒーターと小鍋をご用意くださいまして。ありがてぇ。結果キレイに三食とも完食。特にラストのコーンスープは〝これで最後〟感も混ざってか、べらぼうに美味しく、スプーンでこそげ落とすようにして一滴も残さずいただきました。

23時過ぎ、帰宅。テレビを観ていると無意識に机の上のチーズおかきに何度も手が伸びてしまう自分と戦いながら、お風呂も入って夜中1時就寝。例の下剤を二粒、勇気を出して口に放りこむ。せめて朝までは眠れますように。祈る気持ちで、と言うか本当に祈りながら眠った。

いよいよ検査当日の朝。大久保さんから聞いていたあのひどい腹痛で目が覚める、はずだった。あれ？　無。何もない。と言うか便意すらない。普通の目覚めをした私は8時から、経口腸管洗浄剤という下剤の粉を2リットルの水で溶かしたものを2時間かけて少しずつ飲む。これもしんどいと聞いていたが、確かにちょっと飲みにくい。味が、と言うよりなんか重い。飲みこむのにちょっと力がいる。説明書に〝気分が悪くなったり、嘔吐したりする事も〟的な注意事項があったので、相当おっかなびっくり飲んでいった。ゆっくりゆっくり飲んだ。……あれ？　これまた飲んでも飲んでも私の体、無反応。どうした？　私の腸、どうした？　だんだん〝このまま痛くならなかったら〟の方の恐怖が生まれてくる。ちょっと乱暴にゴクゴクと飲んでみる。気持ちは不良。

1時間くらいしてやっとトイレへ。病院からいただいたプリントに便ちゃんの段階が4段階書いてあって、最後〝透明感のある液体〟になるまで出す、とのこと。さて、あさこのファーストトイレ。ん？　すでに3の段階。いや、もうほぼ4の段階に近い3だ。「宿便全部出て1キロくらい痩せるよー」なんて事も聞いておりましたが、どうやら私の体はすでに何もなさそう。正直、排泄している感覚もほぼなく、ただただ水が出てきている感じ。これはこれで、だなぁ。

そんなこんなですべてが拍子抜けだった私の検査準備も終わり、いざ病院へ。検査自体も軽い麻酔をしたので痛さ、辛さもなく、思ったよりピンクな自分の大腸の映像を見ながら先生の説明を伺ったり、質問したり。あっという間に検査終了。はい、全然大丈夫でした。よかった。さ、50年頑張ってきてくれた腸に感謝をしながら、今夜も美味しくお酒をいただくといたしましょうか。大腸殿、これからも頼んだよ。

〈今日の乾杯〉UberEatsでよく頼むイタリアンのお店がありまして。先日閉店間際にオーダーしたら、残ったお惣菜をパックにして袋に一緒に入れてくださっていた。こういうの、すごく嬉しい。早く飲みに行って直接御礼言いたいなぁ。

5051

50歳最後の日と51歳最初の日の二日間。いとうあさこお誕生日会「5051～ハンセイキマタギオンナ～」を草月ホールにて行いました。

2010年から毎年6月、〝お誕生日会〟と銘打って行ってまいりました単独ライブ。昨年はちょうど準備を始めた頃から少しずつ〝コロナ〟の音が聞こえ始め、「今年もやります！」のお知らせを出す前に中止が決定。今年も年明けくらいから少しずつ、そして3月終わりくらいから本腰入れて準備に取りかかりましたが、世の中がどういう方向に行くかは日々変わるし、本当にわからない。毎日〝やる〟と〝やらない〟が「どうする？　どうする？」と迫ってくる感じ。この状態は「また緊急事態宣言が延長されそう」となった5月下旬まで続きました。それに対しての〝100点満点の正解〟が見つからないのです。もしかしたら終わった今でも正解は出ていない、のかもしれないけれど。

いろいろ調べるとこの緊急事態宣言延長を受けて〝中止にする公演〟〝無観客でやる公演〟〝ルールの中でやる公演〟などそれぞれだった。そして〝明日どうやら延長の発表がありそうだ〟となった27日の朝、マネージャーに連絡。「もう本番まで時間がない為、やるにしろやらないにしろ、発令後すぐに動けるよう話しておきたい」と。その時に「やりたい」と言う自分の気持ちを伝えた。正直〝延長になるかも〟の第一報が耳に入ってきた時の私はほぼほぼ〝やらない〟だった。会社からも軽く言われていたし、自分自身ピーカンに「レッツゴー！」とはなれなかったから、そんな状態で出来るものではないな、と。でもこの〝やる〟の背中を押してもらいまくったのが、ラジオに送られてきたメールたち。わたくし、土曜の朝生放送のラジオをしているのですが、5月中旬くらいからメールにライブについて書いてある事が増えまして。〝チケットをこんな思いで取った〟や、逆に〝チケット抽選も一般も取れず〟と残念がってくださる声。〝毎年観に行っている〟という歴史や、〝ライブ当日、実は大変なんです〟みたいなお話も。とにかく総じて〝楽しみに〟してくださっている。これは大きかった。結局マネージャーが会社と話し合ってくれ、27日の夜、開催が決まった。本番まであと12日。

決まったら決まったで、そこから急にお腹を壊し出す私。体が「本当にやるんだ」と理解したんでしょうね。緊張と不安が一気に大量に押し寄せた感じ。だってそこまではほぼほぼ〝やらない〟だったんですもの。そもそもそんな中でのネタ作りは感情的に波がありまくりで。もちろん普通に一生懸命ネタを作れる日と、「どうせこんなにやってもライブ出来ないんでしょ？」と思ってなんか脳も心も止まっちゃう日。この〝どうせ〟はちゃんと私を腐らせる。私はネタ書きをだいたいファミレスでやるのですが、ここ数年増えた〝おつまみメニュー〟のページを眺めては「ライブが終わったら、それか中止が決まったら、ファミレス飲みしたいなぁ」とか考えちゃうんですから。お恥ずかしい。弱き人間です。それが100％やる方向を向いたんですもの。そりゃお腹の一つや二つ、壊しますよ。

ここからの精神の疲弊がえげつなかった。もう一度書きますね。弱き人間です、ホントに。それが顕著に出たのが〝食〟かな。もうめちゃくちゃ大好きな平打ち麺が吸えなくなったんです。私、きしめんやらフェトチーネやら平たい麺が大好きで。パンコントマテと言うお店で出会った太めのパスタなんかも大興奮。つけ麺なんかも太い方が好きだった。そんな私が吸えないんです、麺を。細いそうめんでギリ。頑張って吸ったとしても飲み込めない。おそらく緊張もあるのですが、基本は〝噛んでる時間がない〟。なかなかです。「準備間に合うかな？」と焦る気持ちが〝食事をする〟と言う当たり前の事まで奪うのです。極端。これは本番が近づけば近づくほど、ひどくなっていきまして。もちろんお腹は空くので、でも食事を作る時間もないから完全出前生活となるのですが、頼んだはいいものの完食出来ず。気づけば冷凍庫にはもの凄い量の食べさしが。春巻き、チーズナン、タイ風オムレツ、エッグタルト、シュウマイ、ギョウザ、ニラレバなどなど。あ、私、アジア多め。

ある日、こんな事もありました。とある書類に印鑑を押さなくちゃいけなくて。押し損じがないようたっぷりと朱肉を付け、前後の向きを示す印鑑の側面の溝も確認し、ちょっと長めにギューッと押した。ゆっくり紙から印鑑を外すと、あーらびっくり。朱色に塗りつぶされた丸が。一瞬意味がわからなかったのですが、どうやら私、印鑑の背、って言うんですかね？「伊藤」の文字じゃない方、で押してたんです。そんな事あります？絶対どこか気づけるポイントあったと思うんですけどね。しっかりと丁寧に背の方、押してました。前の朱肉が少し残っていたのかな。ギューッと押したから手のひらには薄い「伊藤」の文字。「あ、落ち着こう」とちゃんと思えた日でした。

こんな風にいろんなアップダウンを経て迎えた当日。2年ぶりの舞台から見える景色は格別でした。前列数列空けているのに、一つおきに席が空いているのに、そこにはものすごく強くて温かい圧があって。満席と思わせるほどの大きな拍手と、マスク越しにもわかる皆さんの優しい表情。もう幸せだ。ありがたい。何度も泣きそうになりながら、そして時に緊張で震えながら24歳の時に買った水着で出てきてみたり、〃51の自分に宛てて書く手紙〃をピアノで弾き語ってみたり、落語「時蕎麦」の騙された屋台の親父さん側の気持ちを考えてみたり。そんなこんなで100分間の全力一人舞台を終えました。

会場にお越しくださった皆々様。チケットが取れなかったり、いろんな事を考えていらっしゃれない、いらっしゃらなかった皆々様。そして私の全力に、全力でお付き合い下さったスタッフの方々様。本当に本当に本当にありがとうございました。51歳、楽しく頑張ってまいります。そして52歳の〝誕生日会〟の時には、会場にパンパンにお客様が入っている光景が見られる、そんな世の中になっていますように。

〈今日の乾杯〉ライブが終わって翌日。やっと少し復活。久しぶりの食事に選んだのは〝ピータン豆腐〟。これをチビチビ、1ヶ月以上ぶりのビールもチビチビ。気づきました？　明るいうちから、です。ええ。

やる気

私は今まで、いわゆる〝やる気〟と呼ばれるものが多めの人間だと思ってきました。周りからはよく「あちゃこ姉はホント元気だよね」と言われますし。もし神様が人間に一つずつ何かを与えてくれているとするのならば、私は人の何倍？ 何十倍？ もの〝気力〟を与えられたのではないか、と思うほど、いろんな事を〝やる気〟で乗り越えてきた。だって中身は紛れもなく51歳なわけで。毎朝起きた時、一番最初に思う事が「疲れたなぁ」ですからね。それがなんとかやってこられたのはやはりその〝気力〟のおかげ、って事なのかなぁ、と。そんな〝やる気〟あさこに最近、陰りが見え始めたのです。

ここ一年くらいですかね。家にいるとついついソファでゴロゴロ。終わりのないゲームを無限にやってしまう。やる事があったとしても早急なものでなければ延々と。暇さえあれば何かしら動くタイプだったのに。ただその答えが2月に人間ドックに行った際、婦人科の先生と話している時にわかったのです。「伊藤サン、最近ドデスカ？ ヤル気トカ出マスカ？」先生は台湾かどこかの方で、ちょっとだけ片言の日本語でそう質問してきました。「あ、そう言えば、私今までやる気だけでやってきた、みたいなトコあるんですけど、なんかダラダルモン減ラしがちです」と答えると先生。「デショ！　伊藤サン50歳ナチャッタカラァ、ホルモン減ル一方。ホルモン無イト、元気モ出ナイヨ。ダッテ伊藤サン、50歳ナチャッタカラァ。」だいぶ端折りましたが、こんな感じで今私の体の中で起きている事を詳しく説明してくださいまして。そしたら〝やる気〟が出ないのも納得。だって、〝50歳ナチャッタカラァ〟。もうそれがわかったら私、極端。ならば、と大手を振って、ダラダラし始めました。はい、そっちです。だって何度も書きますが私、〝50歳ナチャッタカラァ〟、仕方ないんですもん。

そう言えば前にも同じような経験が。あれはたしか高二の一学期。学校に向かう朝の電車で仲良しの〝笹野さん〟に会いまして。「あーちゃん（私）って完璧主義だよね」と。どういう話からそう言われたのかは忘れましたが、衝撃でした。自分じゃまったく気づいてなかったけど、そう言えば何でもちゃんとやらないと気が済まない。しかもそれによってあちこちでアップアップしてたんですよね。それが笹野さんの一言で一気に理解出来た私は、〝雑〟な人間になったんです。そこから、急に。少し緩める、でもいいはずなんですけどね。完全な〝雑〟へ。ええ、極端です。

ちょいと話が逸れましたが、そんな〝やる気〟が出ない私でもこないだの単独ライブの準備期間中はもちろん〝やる気〟スイッチ押しまくりのわけで。やる事が山積みですから止まっている暇は一秒たりともありません。そういう時って現実逃避なんですかね。急に部屋の掃除をしてみたり、普段は絶対にやらないいろんなフィルターを洗いたくなったり。更には携帯のメモに〝ライブ終わったらやろうリスト〟がどんどん書き溜められていくわけです。〝キャンプ行きたい〟〝海見たい〟みたいにざっくりしたものから、〝日本史の教科書を読み直す〟〝算数のドリルをがむしゃらにやる〟など何故思いついたのか分からないものまでビッシリ。その中でも〝歯医者〟〝整体〟〝携帯機種変〟というリアル且つ予約が必要なものが3つございまして。それを〝やる気〟スイッチ発動中に予約したんですよ、私。それも、単独の翌日に。しかも、朝から。二日間のライブを終えた私がもれなくクタクタなのは考えなくてもわかること。なのでマネージャーもわざわざ休みにしてくれていたのにもかかわらず、まさかの予定びっしりDAYに。

その予定びっしりDAYはソファで目覚めるところから始まります。前日ライブが終わって帰ってきて、そのまま絵に描いたようにソファでバタンキュウ。早朝に体中が痛くて起床。のっそり起き上がってシャワー。遅ればせながらライブの汗を洗い流しました。

さあ、のんびりしたのも束の間。ハードスケジュール、スタートです。一応言っておきますがこの日の私は〝やる気〟スイッチ超OFF状態の51歳なりたておばちゃんです。まず歯医者さんへ。この日は治療で麻酔をしたもんで、しばらく無駄に水を飲んでは口からこぼれないか確認。小さい頃から絶対やっちゃう一人遊びです。その後、整体へ。「どこが一番疲れていますか？」「んー……わかりません。」結局、全身の筋肉痛と久しぶりに使いまくった頭をほぐしていただきました。そしてそのまま機種変へ。ちゃんと整体の場所から一番近い携帯電話ショップを、整体が終わってから車で移動し、駐車場に停め、お店に向かったらちょうどいい時間に予約済み。さすが〝やる気〟スイッチ中のあさこ、やるわね。実は携帯電話の機種変は携帯の調子が悪くなってきたからですが、どうせ変えるならカメラのいいヤツにしよう、と。と言うのも我が劇団・山田ジャパンのYouTubeが6月から始まりまして。21人の劇団員の中で撮りたい人が撮りたいものを撮る感じ。どうせ撮るならいい映像がいいもんなぁ、と〝カメラが自慢〟の最新機種をチョイス。ってその使い方を理解するにはだいぶ時間がかかりそうですが。結局いろいろ、データの移行や料金プランの変更などで1時間半くらいいたかしら。とても親切なお姉さんが丁寧に優しく教えてくださいました。ありがてぇ。

これでミッションクリア、なはずがなんか勢いづいちゃったのかな。その〝名残やる気〟で帰りに駅前の本屋へ。何故か急に思い立って世界地図を購入。しかも全然地名が見えない、と良さそうなルーペも。そう言えば実家の図鑑や百科事典置いてある所にはいつもルーペがあったっけ。私ももう、そんなお年頃なのね。

こうして私の強制的〝やる気〟スイッチは切られました。そこからはまたダラダラ、時にルーペで世界地図を眺める毎日です。ただ私、〝51歳〟ナチャッタカラァ。ゆっくりのんびり行きますかね。あ、でも明日までの宿題、いろいろあったわ。ああ、〝やる気〟スイッチ、どこだっけなぁ。

〈今日の乾杯〉先日仕事で仙台へ。帰りにスタッフさんから素敵な〝仙台セット〟を頂戴いたしました。笹かまを日本酒ロックで。んー、蒸し暑い夜に最高。

脱毛

私は51年間、〝美容〟とは無縁に生きてきた。そりゃあ〝顔洗ってニベアを塗る〟とか〝汗をかいたらシャワーを浴びる〟くらいは……ってこんなんは〝美容〟って言わないか。まあいわゆるエステや最新コスメ、みたいなものに特に興味がなく。ボディに対してほったらかしてここまで来ました。そんな私がとうとう始めたのが〝脱毛〟。しかも〝VIO〟、つまりあさこの〝下のあさこちゃん〟周りの脱毛です。

私が人生で一番最初に気になった〝毛〟は〝脇〟。思春期でした。ずっと「毛は必要なところに生えているんだよ」と聞かされておりましたが、アイドルの水泳大会とか観ていると女子達の脇は綺麗でしたし、大ファンだったマッチさんの、あの脇を隠しながらの選手宣誓もあって。私も綺麗にしよう、と。お小遣いを貯めて、除毛クリームを薬局で購入。クリームを塗り、しばらく放置。毛が溶けてきたらティッシュで拭き取る、みたいな感じだったかな。

その後、元々手足とか毛が薄いのもあって、〝脇〟以外は特に気にした事なく。30歳の時、半年の無人島生活でホルモンがおかしくなったのか、顎にしっかりとした髭が生えてきた時と、ここ最近の薄毛に関しては静かなるパニックですが、まあそれくらい。そんな私がVIO脱毛に踏み切ったのは、仲良し・大久保佳代子さんの勧め。要は〝老後〟です。いつか人のお世話になるようになった時、下のお世話の際の〝こちら側の気遣い〟〝清潔を保ちやすい〟などの理由で40〜50代から脱毛する方が増えてきたとの事。目から鱗。考えたこともなかった。この話をラジオでしたら「全然脱毛しなくていいですよ！」と言う介護士さんからのメールもありましたが、今でかなりの〝イライラおばさん〟な私。将来〝イライラおばあさん〟になるのが目に見えていますから、せめて〝下のあさこちゃん〟だけでも感じよくしておこうかな、と。

それにどのみちわたくし、ボディペイント系を始め、水着みたいなの着て何かやったり、Tバックのお尻に何かぶつけられたり、などなど、なんだかんだ露出する仕事が案外あるもので。そんな時、いちいち気にしなくてよくなるわけで。こうしてわたくし、生まれて初めての〝美容クリニック〟へレッツラゴーの運びとなりました。

〝デリケートゾーン〟と言うくらいですから、やはり皮膚のデリケートさはもちろんの事、気持ちとしてもデリケートなゾーン。一番気になるのが施術に際してのオマタちゃんの状態。リアルなお話をするとシャワー浴びてすぐならいいけれど、そうでない時の不安。その辺を〝脱毛先輩〟の大久保さんに聞いた。「もし直前に洗ったり出来なかったらどうするんですか？　汚れとか。あ、トイレットペーパーがついてたり、とか」大久保さんの答えはシンプルだった。「そんなもん行く前に自宅で洗ったら、もうトイレ行かないんだよ！」なるほど。私は当日仕事があったが、クリニックに向かう前にダッシュで一旦自宅へ。ちゃんとトイレも済ませ、シャワーでオマタちゃんを洗って、下着も替える、と言う完璧状態でいざ出陣。でもなんなんでしょうね。クリニックの駅に着く頃にだんだんトイレに行きたくなってきまして。多分お昼にちょっと味濃いめのカレーうどんを食べて、お茶ガブガブいっちゃったからかな。脳内に佳代子の声が響く。「もうトイレ行かないんだよ！」そう、私はもうトイレに行かない。全部終わるまでトイレは行かない。体に刺激を与えないよう、駅から少しゆっくりめに歩いてクリニックへ。到着すると入り口にはとてもキレイなお姉さんがお二人。名前と予約時間を伝えると「大変お手数ですが、一度トイレで手洗いとうがいをお願いしているのですが」と。そして紙コップを手渡された。コロナ対策をちゃんとしている。さすがこういう所は丁寧で完璧。ただ、トイレに行くのは今はまずい。だって我慢しているんだから。しかも口に水を含むなんて危険過ぎる。ガラガラペッと出すとは言え、〝水〟を感じた途端に負けてしまうかもしれない。ううん、あさこ、落ち着いて。ここは美容クリニックなのよ。私はキレイになりに来ているの。オマタちゃんではあるけれど、キレイになりに来ているのよ。心頭滅却すれば火もまた涼し。大丈夫、大丈夫。自分の中の精一杯の上品な感じの微笑みと共にお姉さんたちに会釈をし、顔色一つ変えることなく受付から3メートルほど離れたトイレへ向かう。イメージ〝いい女〟の〝スローモーション〟。トイレの扉を開ける。目の前には鏡と洗面台。そう、そのまま前に進めば手を洗い、うがいをして受付に戻れる。でも……左を見ると綺麗なトイレが3部屋並んでいる。「あさこ、好きなトコに入りなさいよ。」トイレの声が聞こえた気がした。私は洗面台の所にコップを置き、真ん中の一部屋に一目散に駆け込んだ。ホッとした瞬間、一瞬忘れていたあの声が。「もうトイレ行かないんだよ！」……佳代子、ごめん。私、耐えられなかった。いつもの何倍ものウォシュレットをして、トイレットペーパーも出来うる限りそっと、押さえるように拭いた。

そんなこんなで勝手に心の中でバタバタしたのなんてどうでもよく、お姉さん達は丁寧に今後のコースやり方などの相談にのってくださったのち、手際よく処置が始まった。レーザーでバチンとなると部位によっては一瞬だけですがかなりの痛みが走る。そのたびに体がビクンとなるものだから、せっかくつけてくださった目隠しがあっという間にズレて取れてしまう。お姉さんはニッコリ「拷問みたいですよねぇ」なんて笑いながら、目隠しを直してくれる。それを何度か繰り返しているうちに気づけば記念すべき第一回施術、終了。

こんなに〝美容〟と無縁だった私が、「ついでに」と何年もあるお尻のしこりも取って貰う事にした。全部完了する頃にはまた異国で体張るネタが出来るようになっていればいいなぁ。そしたら私、思いっきり出せるんだけどなぁ。え？　お呼びでない？　こりゃまた失礼いたしました。

〈今日の乾杯〉トマト。ただ切っただけ。マヨネーズも塩もなし。よーく冷やして、ただ切っただけのヤツをただ口に放り込む。暑くなってくると、こういうシンプルなのがたまらない。

トリモチ

私がお笑いの世界に飛び込んで早24年。まあ〝お仕事〟と言える事をするようになってからは10年ちょっとですが。その間、ありとあらゆる経験をしてきたと思う。中でも〝リアクション〟と呼ばれる仕事は各種やってきた。怖い、痛い、痒い、狭い、高い、暗い、暑い、寒い、熱い、冷たい、硬いなどなど、形容詞で挙げていったらキリが無い。それが先日、51歳にしてまだ未経験だったものに出会ったのです。それは、〝トリモチ〟。辞書で調べるとこう書かれていました。

【トリモチ】竿の先などに塗りつけて小鳥や昆虫などを捕まえるのに用いる粘着力の強い物質。

若い頃は長いこと飲食業でバイトしていたので、身近なところではネズミの駆除に使われていた。私は小鳥や昆虫、ネズミより遥かに大きいが、先日まんまと、そして見事に、生まれて初めてトリモチに捕まった。

ご覧になっていただいたでしょうか？ 先日オンエアの「うわっ！ ダマされた大賞 夏の2時間SP」の中で、相方が相方をダマす仁義なき『相方ドッキリ！』という企画がありまして。私は〝日常生活〟の相方・大久保佳代子嬢にダマされました。

内容は大久保さんが〝直接冷房の風が当たる〟を嫌がる私を何度も見てきて。だから寒がりと思いきや、汗もめちゃくちゃかくし、同じく暖房の風も乾燥だなんだで嫌がっている。さて、いとうあさこは冷たい風と熱い風、どっちが嫌なのかを検証しよう、というもの。あ、先に自分でいいますね。誰も興味ないでしょ。ええ、本当に。だって私自身がどっちでもいいんですから。他人様にとってはもっとどうでもいい話でしょう。でもそんな検証が、とある夜に行われたのです。

その日私は、イッテQ!の追加ロケだと聞いて局に呼びだされました。今までそんな事は1回もありませんでしたが、現在国内でロケをやっている為、〝ネタが足りない〟とか〝後からこのロケがOKになった〟などがあればそういう事もあるか、くらいに思い、何の疑問も持たずに行きました。今回言われていたロケが〝星空ボディペイント〟。ボディペイントのアーティストさんに全身星空を描いていただき、流星群のセットをバックに撮影をするというもの。なのでまず私は楽屋に何着かあった衣装を物色。〝自分はボディペイントを何度もしてきたので何がいいか知っている〟のテンションで、よりアーティストさんが塗りやすく、そしてインクがつきやすい素材のものを選び着用。いざスタジオへ。「中に〝星空アーティスト〟さんがいらっしゃるので、部屋を真っ暗にしてあります。扉開けて入ったら、奥キしながら扉をオープン。中は真っ暗で奥にカメラさんがいらっしゃるのはなんとなくわかったので、そのまま進もうと1歩足を踏み入れた瞬間……あれ？　私は入り口の所でひざまずいた。一瞬何があったのかわからず。立ち上がろうと手をついたけれど、私はそこから二度と動けなくなった。そうです、トリモチに捕まったのです。その板のまま紐で引っ張られ、その部屋の半分〝ストーブ灼熱ルーム〟ともう半分の〝冷風吹きすさぶルーム〟を行ったり来たり。それを何度も繰り返していく間に気づけば体がどんどん沈んでいく。最初はライトな四つん這いだったのがもがけばもがくほど他の所にトリモチがつき、気づけば顔以外の体全体がトリモチにくっついていた。そうなった頃、大久保さんがネタばらしで部屋に入ってきた。ただこっちは全身トリモチにくっついちゃっているから振り向けず。「あさちゃん！」と呼ばれてもこちらも半信半疑で「え？　佳代ちゃん？」大久保さんは続けた。「あさこさんは温風より冷風の方が苦手でした！」えっと……え？　何がなんだかわからなすぎて笑ってしまった。

そしてここからが更なる未体験ゾーン。〝トリモチをおとす〟です。そもそも令和の世で〝トリモチで人を捕獲〟もなかなか稀有なこと。〝サラダ油で落ちる〟くらいの情報しかなく。スタッフさん総出で私の全身にサラダ油を塗って拭いていってくださりまして。後はボディタオルで擦って、シャワーで流せばいいいか、とそのままシャワー室へ向かった。ただ、甘かった。こっからが本当の戦い。サラダ油でベトベトだったので気づきませんでしたが、シャワーで流してみたらほぼトリモチが残っていて。しかもボディタオルではまったくもって落ちない。ただベタベタがタオルに移るだけで、結局それで体擦っても〝無限ベタベタ地獄〟。これは長期戦だな、と一人、シャワー室で座禅のようにあぐらをかいて座りこみ、ただひたすらサラダ油を体に塗っては自分の手で擦る。少しずつ少しずつトリモチが取れていく。結局それを繰り返す事1時間。途中誰も入ってこなかったからよかったものの、もし誰か来たら急にオバサンが座り込んで体中にサラダ油塗って擦っていたら怖かったろうなぁ。なんとか無事に全てのトリモチが取れ、ああ、さっぱり。

〝トリモチは大変〟とは聞いてはいたものの、こんなに大変だとは思いもせず。翌日、ちょうど出川さんと森三中・大島ちゃんにお会いしたので、その事を話すと二人共「ああ、トリモチはねえ。大変だったでしょう。」「思った以上に取れないよね。」と〝トリモチ先輩〟たちは私の気持ちを汲んでくれた。ただ、気づいちゃった。その話をしている時みんな、どことなく誇らしげな顔しているんですよね。なんだろう。まるで武勇伝でも話している感じ。〝お笑い芸人〟としての経験値がまた一つ上がったからかな。「そうそう、あの仕事、大変だよね」なんて話をしながらどこか誇らしく思っている自分がいる。以前〝ヌルヌル階段落ち〟をやった時も、〝シームレスの下着だと終わった後、全然ローションが落ちない〟と初めて知り、同じような顔したっけ。まあ、結局この仕事が好きなんでしょうね、ええ。さて、次はどんな試練がやってくるかな？　かかってこいや。

〈今日の乾杯〉大久保さんとよく行っていた焼鳥屋さんの焼鳥5本セットをテイクアウト。うん、やっぱり美味しい。真ん中のささみは梅とワサビで交互に。ああ、また早くお店で飲みたいなぁ。

冷蔵庫

久しぶりに大きな買い物をした。冷蔵庫です。

今まで使っていた冷蔵庫は、んー、いつ買ったか覚えてないなぁ。まあそれくらい長く使っていて、冷蔵室と冷凍室の2ドア225ℓサイズと一人暮らしには十二分な大きさ。そいつの冷蔵室の下部にある野菜室と呼ばれる引き出しの上の板が割れてしまいまして。もう野菜室として、且つ引き出しとして使う事は出来ず。でもその代わりと言っちゃあなんですが、日本酒やワインの瓶を立てるのにうっかりちょうど良くなりまして。そこにお酒たちを並べ、その瓶の隙間に長ネギなどをさして使っておりました。

更にはいつからか冷蔵室のものが凍るようになりまして。まあ〝冷えない〟よりはいいけれど。何より〝仕事終わりのビールが冷えている〟を楽しみに生きている私からしたら、それはそれで、ですが。

まあそんな感じで〝使えるっちゃあ使える〟し、〝調子が悪いっちゃあ悪い〟といった状態が長いこと続いておりました。

そんなある日、時間が30分程空いてしまった時がありまして。ふと見るとすぐ横に家電量販店が。涼みがてらちょっと見てみるか、と店内へ。そう言えば、ウチにたくさんある頂き物のお酒ちゃん達がなかなか減らず、どんどん劣化してしまうのが悔しく悲しく。「ちょっとワインセラーなんぞ見てみようかな」と冷蔵庫売り場へGO。家庭用のワインセラーって意外と種類も多く、お値段もピンキリ。ただ超小型だと結局本数があまり入らないので意味が無く、大容量のだと当たり前ですがなかなか高価。しばらく見ていると〝心のあさこ〟が聞いてきた。「ねえ。そもそも、どこに置くの？」あ、場所、ない。それは小型だろうがなんだろうが、家の中にワインセラーの置き場所なんてない。「はあ。テンションで来ちゃったけど、ちょっと考えればわかるじゃん。」きっと私が相当落ち込んで見えたのかもしれません。優しそうなお店のお兄さんが「何かあればお尋ねください」と話しかけてきてくれた。〝思いつきでワインセラーを見に来た事〟と、今の気づきによる〝残念な気持ち〟を伝えた。するとお兄さん。「もしスペースがあればですが、冷蔵庫の〝野菜室〟をワインセラーになさる方も多いですよ。」え？　そうなの？「めちゃくちゃ高級なワインとかだとあまりお勧めはいたしませんが、温度・湿度などお酒を保存するのに悪くはないかと。」へえ。じゃあ私は板が折れてしまったからたまたま、でしたが、一応〝野菜室〟にお酒入れているのは合っていたんだ。いや、板が折れちゃっているから野菜〝室〟でもないし、それはもう〝冷蔵室〟だし、凍っちゃうし。全然違うか。

そうなってくると次に思い浮かんだのが〝冷蔵庫の買い換え〟。でも迷う。だってそんな訳で〝使えるっちゃあ使える〟〝調子悪いっちゃあ悪い〟だから。安い買い物でもないし即決出来ず。しかもホントに30分の空き時間で立ち寄っただけなので、その日は断念。

でもそこから暇さえあればネットで〝野菜室大きめ〟の冷蔵庫を見るようになりまして。そうなってくると私の中のあるある、〝電化製品がへそを曲げる〟状態に。携帯電話でもビデオでも「んー、どうしようかなぁ」など買い換えを考えている時に調子が一段階悪くなる。今回も私のこの〝浮気心〟が悪かったのかもしれない。冷蔵庫の中身がどんどん凍っていく。もうちょっとした〝アナ雪〟状態。♪これで〜いいのぉ〜……いや、よくはない。私は決心した。冷蔵庫、買い換えよう。

改めて近くの家電量販店へ。今回は〝野菜室の大きさ〟にポイントを定め見てみる事に。するとまたまた感じのいいお兄さんが話しかけてくれた。「何かご質問等ございましたらおっしゃってください。」私はとにかく〝お酒の保管場所として野菜室を使いたい〟事とそのお酒が〝大量にある〟事を伝えた。「可能なら一升瓶が入るくらいだと嬉しいですけど」なんて言うと、「一升瓶！　少々お待ちくださいね」とお兄さんがどこかへ。30秒後、どこからか大きな一升瓶の空き瓶を抱え走ってきた。「冷蔵庫に入れてみましょう！」ああ、なんと優しい。ただ、ちょっとだけ、恥ずかしい。お兄さんが「この冷蔵庫だとこうやって入ります！」とか「これならココいけますね！」なんて〝野菜室大きめ〟冷蔵庫たちにどんどんその空き瓶をさし込んでいく。一升瓶を抱えたお兄さんと冷蔵庫を渡り歩いていくその姿はやっぱりちょっと目立つ。「もうだいたいわかりました！　本当にありがとうございます！」と早々に候補を二択に絞り選定タイム終了。その二択はメーカー、大きさ、機能も一緒で、ただ扉が片開きか観音開きかの違い。51年間2ドア冷蔵庫でやってきた私としては〝観音開き〟は雲の上の存在。なんか勝手に〝金持ちの冷蔵庫〟のイメージが。でもお兄さんに聞くと、やはり半分しか開けないのは電気代節約にもつながっていい、と。ああ、どうしよう。しばらく決めかねているとお兄さんが「すいません！　在庫をチェックしたら、すぐにお届け出来るのは〝片開き〟の方だけでした！」自然に一択に。こうしてウチに〝野菜室大きめ〟で〝一升瓶も入る〟〝片開き〟の冷蔵庫がやってくる事になった。

それにしても今の冷蔵庫は凄い。使っている断熱材（？）が全然違うから、大きさが同じでも昔より断然ものが中に入る。しかも昔は壁から全体的に離して設置しなくちゃいけなかったのが、今や後ろはピッタリくっつけてもいいらしい。更に電気代も安い。「冷凍庫に霜がつかないの!?」でびっくりしていた頃の自分にこの未来を教えてあげたい。

早速届いた新・冷蔵庫。お酒たちを詰めては眺め、日々静かにはしゃいでいる。ただ、一つだけ大きな問題が発生。まさかの、扉に、マグネットがつかない。風水か何かであまり冷蔵庫の扉にものを貼るのはよくない、と聞いた事がありますが、今まで家にあるマグネットはほぼ全部冷蔵庫の扉に貼り付けておりまして。さて、テーブルの上に置かれた、行き場のない大量のマグネット。これ持ってどこかくっつくトコはないか、家中探す旅に出るとしましょうか。どこかあるかなぁ。

〈今日の乾杯〉大好きなつばめグリルの帆立貝のクリームコロッケ。最近はつばめグリルのお惣菜屋さんを見つけるとついついこれを買って、家でゆっくり味わう。ガブリといくのがもったいなくて、ついついチビチビ食べてしまう。もちろんビールはゴクゴクですが。

時代

そんな時代もあったねと
いつか話せる日が来るわ

先日行われました今年の24時間テレビ。土曜日、「イッテQ！」女芸人軍団で中島みゆき「時代」を大合唱いたしまして。1ヶ月間練習の日々。その中で今回、合唱の強豪校にお邪魔して武者修行にも行ってきました。

まずは岩手の不来方高等学校。「切手のないおくりもの」の大合唱で迎えてくれた。歌声がとてつもなく美しい上に、その歌と共に歌詞を描く手話が果てしなく優しい。しかもマスクをしているとは思えないその声量で、大人数なのにちゃんと重なって1つの声のように聞こえる。はい、おばちゃん大号泣。ああ、合唱バンザイ。帰りもみんなアカペラで何曲も歌ってお見送りしてくれて。〝声を合わせる〟大事さと凄さを教えてもらった。

お次は八丈島へ。大賀郷中学校音楽部は部員が8人。しかも中3が6人で、中1・中2は共に1人ずつ。つまり中3が卒業したら部員は2人だけ。話を聞くと、今の中3が入るまでも部員1人で。その先輩が守ってくれた大事な部だからこそこの先も守っていきたい、と。

そんなみんなの声が清らかで、大きく広がる感じがする秘密はすぐにわかった。周りを囲んでいる大自然。〝いつも歌っている所〟と連れていってくれたのは、目の前が海の丘の上。大海原を見渡しながら歌うと自然に遠くへ届けようと声も出るし、なにせ北島康介さんの言葉をお借りするなら〝ちょー気持ちいい〟。この島唯一の合唱部には〝歌う事の気持ちよさ〟を教わった。

私は伺えなかったのですが北海道帯広三条高等学校にも。VTRで拝見しましたリーゼントがトレードマークの〝鬼コーチ〟。厳しくも的確な指導で声の質を鍛えてくれる。だって奴ちゃんがあっという間にホイットニー・ヒューストンの「I Will Always Love You」の一番高い音出ちゃったんだから。こうやって自分の声がどんどん進化してくと、歌う事がもっと楽しくなるだろうなぁ。〝鬼コーチ〟是非お会いしたかったっす。

そして最後は千葉県立幕張総合高等学校。今回、ここの高3の21人と当日国技館で一緒に合唱させていただく事に。いやぁ、ここの練習も凄かった。とにかく言葉を一つ一つ掘り下げていく。そうすると自然に歌う部分によって表情も表現も変わってくる。とても大切な〝歌詞に思いをのせる〟事を叩き込まれた。

これらの武者修行に加えて、もちろんうちらだけの特訓も。先生方に細かく注意していただきながら、ひたすら歌う。呼吸、息継ぎ、歌う時の頬骨の位置や口の開け方、強弱、言葉一個気にしたらの意味、立ち方、表現などなど。気にしなきゃいけない所は山ほどあって、一個忘れる、の繰り返し。それがやっていくと自分でも変化を実感。決して〝上手〟ではないのですが、とにかくどんどん声が響くようになってきまして。しかもいくら歌っても多少の疲労はあっても声が潰れない。その変化・進歩が嬉しくて、更に歌う。私はアルトだったので、もう「時代」ではなく〝新曲〟。その〝新曲〟を毎日歌いまくって体に浸透させていきました。

本番当日は帯広、不来方、八丈島のみんなはそれぞれのふるさとからVTRで歌声を重ねてくれた。そのVTRは国技館が初見。現地ではマスクしていたみんなが、マスクを外し、表情豊かに、地元の美しい景色の中、思う存分歌っていて。初めて見るその一人一人の表情と美しき歌声にまたまた泣きじゃくりんぐ。みんな、素敵。感動。そして最後全員の声が合わさってのサビの部分。声が一つの大きな塊になったような、なんかもの凄い迫力を感じた。静かだけどめちゃくちゃ強いエネルギー。あんな感覚、初めて味わった。

そして私は日曜も「ヒルナンデス!」チームとしてLEDパフォーマンスに参加。「ヒルナンデス!」メンバーと各パフォーマーの皆さん総勢24人で見せるパフォーマンス。LEDマーチングドラムやジャグリング・ポイ、スティールパンなどいろいろある中、私は最後の最後に一人ジュディ・オングさんみたく白い布を羽のように広げて登場し、後ろからの映像を映し出すプロジェクションウィングに挑戦。時間にしたら20秒くらいなのですがこれがなかなか難しい。まず綺麗に回るのも難しいのですが、その羽が映像を映し出すスクリーンになるので、回りながらも出来るだけ広げなくてはならない。けど回るとどうしても小さくなってしまう。一人暗いスタジオで延々回る練習はなかなか〝キツ寂し〟でした。そんな私が皆さんと初めて一緒に合わせたのは本番前日のリハ。昔「イッテQ！」でチャレンジしたからわかるのですがドラムの練習は相当大変。でもリハで目の当たりにしたドラム6人のチーム感。失敗しても声を掛け合う。「いいなぁ」とその様子を見ている時、ふと横を見ると同じ顔した人がもう一人。ジャニーズWEST桐山くん。彼はレイザードラゴンと言う3キロもある器具を全身で廻して会場一杯にレーザー光線を走らせるパフォーマンスで参加。これも私同様ひたすら一人練習。二人で「仲間いぃよね」「なんか楽しそう」なんて言っておりましたが、本番はこれまた信じられない感覚に。全4曲のメドレーの最初のドラム叩く音が鳴った瞬間、なんか全てが一つになった感じと言うか。私なんかはまだ袖にいるのですがみんなの集中力なのかエネルギーなのか。一瞬でそれが自分の体にも入ってきて。最後の一曲SEKAI NO OWARI「RPG」。歌詞の〝僕らはもう一人じゃない〟が聞こえた途端、袖で桐山くんと「僕らはもう一人じゃない！」と謎のテンションに。そのまま舞台に飛び出して行き、あっという間に出番終了。あの異常なまでの一体感はとにかく楽しく、清々しかった。

なんだか不思議な感覚を経験した二日間。合唱もエンタメ業界もいろんなコンテストやイベントがなくなり、皆さんこういうステージがある事をとても喜んで下さった。ただ、いやいや、と。結局こっちが皆さんからいただいたものが比べものにならないほど大きい。本当に本当に本当にありがとうございました。ああ、来年の夏には終わって皆でハイタッチしたり、「打ち上げだぁ！」なんて飲みに行ったり。そんな世の中になっているといいなぁ。

〈今日の乾杯〉本番前日、最後の合唱稽古したホールの下に大きなスーパーが。大島ちゃんとムーさんと共に物色。直感で「これ絶対美味しい！」と思ったマカロニサラダを購入。直感大当たり。マカロニも硬めで最高。こういう時のコーンもたまらないわね。

OMATA

今、あさこの〝オマタまわり〟が、アツい。

って再びそんな話で、失礼致します。以前も書きましたが、老後を見越して今年7月からVIO脱毛に通い始めまして。今まで〝美容〟全般、ましてや自分の〝オマタ〟の事なんて何にも考えた事がなかった私。それがこの脱毛を機に急激に〝オマタまわり〟が忙しくなったのです。

まずこれも以前ちょいとだけ書きましたが〝お尻のしこり〟。いつ出来たのかわかりませんが、何年も前に右のお尻に小さいしこりがある事に気づきまして。触った感触だと硬いBB弾が入っている感じ。別に痛みもないし放っておいたのですが意外に私、尻を出す仕事がありまして。ある時言われたんです。「何か黒いのあるね。」え？……黒い？何枚かの鏡を駆使してなんとかそのお尻のしこりを見ると、本当だ。少し黒ずんでいる。ちょうどその頃番組でご一緒した皮膚科の先生に聞いてみると〝粉瘤(ふんりゅう)〟と言って、簡単な手術ですぐ取れるものだそう。でもこれ自分でもわからないのですが、仕事でお尻を出すのは厭わないのですが、仕事でないとなんか〝厭って〟しまって。結局何年も放置しておりました。ただ今回は、オマタ周りを見ていただくわけですから。「ついでに」と初回クリニックに行った際、勇気を出して言ってみました。先生は丁寧に診てくださり、「これならすぐ取れますよ。簡単な手術なのでその日にお帰りいただけます」と。早速その数日後に手術の予約を入れた。

当日、キレイな先生お一人と助手お二方に囲まれて、真ん中にうつ伏せで横たわるお尻を出した私。VIO脱毛でオマタを丸出しにした時より、何故だか少し気恥ずかしい。私のイメージは〝患部にちょっとだけ穴を開けて、中のBB弾（自称）をピッと押し出し、1〜2針くらい縫って終わり〟な感じだったのですが、やってみたらあら大変。まずは患部に麻酔。これがまさかの劇的に痛い。わかりますかねぇ？　今の歯医者さんの麻酔って、麻酔用の麻酔みたいなのもあってそこまで痛くないけど、昔の歯医者さんって歯茎に直に来て「ギャー!!」みたいな。あの感じ。うつ伏せおばちゃん、小さい声で「ウッ」と呻く。すると即座に一番近くにいたお姉さんが私の背中をゆっくりトントンしてくれる。〝手当〟とはよく言ったもので、安心する。そして麻酔が効いているのを確かめたらメス。もちろん痛くないですが、やはり皮膚にスーッとした感覚はわかる。また51歳、緊張で体が強ばる。すると再びお姉さんがすかさずトントン。更にもう一人のお姉さんがゴムボールを二つ持ってきて「これをにぎにぎすると少し気が紛れますよ」と。〝お姉さんトントン〟と〝ボールにぎにぎ〟で少しずつ落ち着いてくる私。そこで一つ大事な事を思い出した。「あの、中身のBB弾って最後いただけますか?」お姉さん達に聞いた。「大竹まことさんに見せたいんです。」いやね、実は以前このしこりが黒ずんでいるのが発覚した時、毎週ラジオでご一緒の大竹さんに番組中見てもらった事がありまして。そんな〝思い出のしこり〟ですから。やはり取ったら見せたいじゃないですか。すると先生。「おそらくいとうさんが考えているようなBB弾の感じではないかと。」え? BB弾じゃない? 何度も指で触ってきたしこりちゃん。私の指の感覚だと大きさといい形といい、絶対的にBB弾なのに。果たしてどんな?

しばらくすると「切除終わりましたんで縫っていきますね」と。これまた私のイメージは穴を開けたくらいだから1~2針……あれ? なんか先生、ずっと縫っている。「あのぉ、これって何針縫う感じですか?」と聞いてみると、「あ。もう〝何針〟みたいな感じじゃないんですよ。内側は抜糸のいらない溶ける糸で縫って。外側は4センチ位縫ってまして、1週間後抜糸にいらしてください。」内側? 外側? 4センチ? めっちゃ縫っている。いろんな面で思っていたよりかなり本気の手術。かかった時間も1時間。結局最後に見せてもらった患部は〝BB弾〟ではなく、がっつり切除感ある〝肉片〟。皮膚の組織ごと硬くなっていたそうです。〝大竹さんにBB弾を見せる〟と言うちょっとだけ楽しみにしていた催し物は中止。残念。患部も「捨てて下さい」と写真だけ撮ってバイバイしました。

先日2回目の脱毛に行ってきたのですが、術後2ヶ月弱の傷口のチェックもしていただきました。だいぶボコッとなっていたのもなくなり、少しずつキレイになってきておりました。「他、何か大丈夫ですか？」とお姉さん。そう言われると「あのぉ」と。「実はオマタの所にボコッと何か出来ていて。これも痛くないから放っておいたんですけど、脱毛した事で見えて気になっちゃって。」先生、再び登場。診ていただくと軟性線維腫というイボみたいなもので、加齢によるものだそう。「放っておいてもいいけれど、気になるなら取れますよ？」と先生。

い「これも手術、みたいな感じですか？」

先「えっと、麻酔をして、ハサミで切っちゃう感じです。」

い「麻酔って……あのなかなか痛いヤツ、ですよね。」

先「あ、そうです（笑）」

い「しかもハサミで、って。また縫うんですか？」

先「確かに聞こえは怖いですけど、ホントにパッと取る感じです。縫わないですし、もうそのままです。数日したら普通に傷口が塞がります。」

い「んー、どうしよう。ちょっと怖いなぁ。」

先「ちなみに1つ3000円です。」

い「んー、お願いします。」

あ、よく「一カ所整形したら、どんどん整形しちゃう」なんて話を聞いた事ありますが、もしやこういう事か？　私はそもそもＶＩＯ脱毛だけのつもりで始めたのに、しこりを取り、ボコを取り。ここまで美容に関して何もしてこなかった女が今、オマタまわり〝のみ〟改造し始めた。さて、あさこのオマタは今後どうなっていくのか、乞うご期待！……ウソです。何度もオマタ事情をお聞きいただき、なんかすいません。こっそり改造を進めていくので、また忘れた頃にお付き合いいただければありがたし。

〈今日の乾杯〉最近よく頼む出前の中華料理のお気に入り・海老ワンタン。トゥルッとした皮にちょっとピリ辛なタレがかかっていて。ほのかに温かく、アッという間に食べてしまう。もちろんビールもグビグビですよ。

元も子も

私、よくあるんです。いわゆる〝元も子もない〟ってやつ。よかれと思ってやったはずなのに、どんどんおかしな方に行っちゃう。

今年6月に機種変した携帯電話。今回は我が劇団・山田ジャパンのYouTube撮影にも使えるかも、とカメラ機能のかなりいいものを買いまして。となるとやはり「お高いんでしょお?」と聞かれたら「ええ、お高かったです」なヤツになるわけです。となるととなると、壊してはならぬ。もちろんお値段関係なく当たり前のことですが、より、ね。

近年、私は携帯をよく落とします。〝握力の低下〟や〝携帯自体がかなり大きく重くなった〟などの理由が考えられますが、もう一つ。〝手帳型カバーの使用〟。考えてみるとスマホケースを手帳型に変えてから落とすことが増えていて。要は蓋? 扉? あの手帳の表紙部分のさばきが下手なんです、私。つい蓋だけ持って本体がおざなりになったり、蓋の動きに手がぶつかって、とかで落としちゃいがちに。なので今回は普通のケースにして、〝画面の保護〟の強化として、これまた〝お高い〟ガラスのフィルムを貼ることにしました。こうして防御体勢を整え、いざ使用開始。するとまさかの翌日。早速ガラスのフィルムが割れた。

あれ？　バッグにお財布と携帯だけ入れて、バスに乗って銀行に行っただけですけど。あれ？　バッグの中もギューギューじゃないし、お財布も何か飛び出した金具部分があるわけでもない。しかもバスでは立っていたから、カバンを圧迫するようなことはなかった。うん、まあでもきっと何かホントにちょっとした角度だったりタイミングだったりで割れることもあるよね。そう納得することにしました。でも一カ所割れるとその割れているところが広がっていったり他のところも割れたりで、1週間くらいで割とバリバリに。結局、電話屋さんに持っていって再度〝お高い〟ガラスフィルムを貼り直し。そこからはとにかくそのガラスフィルムが再び割れないように細心の注意を払いまくりました。財布等と一緒のところに入れないように外ポケットがある小さいバックを買い。仕事に行く時はいろいろ入ったリュックで行くので絶対に中には入れず、手に持つか服のポッケに。するとまた5日後、一カ所割れてしまった。しかも前回と同じ右上ら辺。何で？　ケースとの相性でも悪いのか？　ニッチもサッチもどうにもブルドーッグ、ヘイ！　ですよ。

とにかくこれ以上割れ目が広がったり箇所が増えたりしないよう、更なる注意の強化だ。もうどこにも触れないようずっと手で持っていればいい。ロケなどでスタッフさんに預かっていただく時は布地で巻いて……ん？　なんか、変。携帯を傷つけないようにガラスフィルムを貼ったのに、気づいたらそのフィルムを守る為にめっちゃ気を使っている。出た。元も子もない。とは言え急には変えられない。しばらくこのまま〝携帯を守るフィルムを守る〟毎日が続きそうです。

あと先日フジテレビ「お笑いオムニバスGP」という番組の『合いの手ツッコミGP』というコーナーに、仲良し・大久保佳代子さんと出演いたしまして。大久保さんとはロケこそよくご一緒しますが、〝ネタをやる〟となると以前「イロモネア」で奴ちゃんと三人で、とかはありましたが、二人で、はもしかしたら初めてかも。このコーナーは二人一組で出てきて、片方が歌を、片方がその歌詞に対してツッコむというもの。私たちは西野カナさんの「トリセツ」をすることに。この歌はあれだけ大ヒットしましたから。もちろん知っております。知っておりますけれども、歌えはしない。だって2015年の曲ですよ？　この時私、45歳。45歳で、いや、年齢関係なく〝一点物につき返品交換は受け付けません〟なんて言える自信は私にはないですから。〝こんな私だけど笑って許してね〟なんて言う前にそういう状況にならないように踏ん張ったし、もし何かあったらちゃんと謝ってきた女ですから。むしろさだまさしさんの「関白宣言」をうなずきながら聞いて、最後の〝俺の愛する女は生涯お前ただ一人〟で泣くタイプですから。要は「トリセツ」をちゃんと聞いたことがなかったのです。

そこから「トリセツ」千本ノックがスタート。今回は一番を私が歌い、佳代子さんがツッコミ。二番を佳代子さんが歌って、私がツッコミ。最後なぜか二人でサビをただ歌う、という〝暴挙〟とも呼べる構成に。私は毎日車のエンジンがかかると共に「トリセツ」が流れ出すようにセット。最初の頃は歌い出し部分がもう早口言葉のように聞こえ、〝西野カナの歌声〟を必死に追いかけた。それがだんだん慣れてきて、まあ〝歌う〟には程遠いですが〝追いつく〟までのレベルに。そうなってくると問題は〝キー〟。低く、かつガサガサ声の私。あんな若い子の音程なんて出るわけありません。打ち合せ時にスタッフさんも「キー下げますか？」と聞いてくださりまして。なのに私の答えはまさかのこれ。

「原曲キーじゃないと私、吐いちゃうんです。」

うん、吐きはしませんよ、ホントは。吐きはしませんけど、曲の調が変わっていると気持ち悪くなるのは本当。聞いていられなくなっちゃう。歌う時もそうで調を変えるともう曲がよくわからなくなって歌えなくなっちゃうんです。かと言って別に絶対音感でもない。〝原曲音感〟。ホント、いらない能力です。というわけで原曲キーでいくことになりましたが、もちろん声は出ない。車の中で何度歌おうが、出せる音域がそんなに上がることもなく。結果、本番で司会の麒麟・川島さんに〝木綿を引き裂いたような声〟という恐ろしく「その通り！」な表現を言わしめることに。川島さん、ありがとうございました。

いやはや、どうしてこうなっちゃうのか。不器用極まりない。「ああ、生きるのって大変」

なんて思いつつも、どこかそうやっている自分を俯瞰で眺めてニヤニヤしながら「ああ、生きるのって面白い」とか思ってみたりする。あ。べ、別に、ま、負け惜しみ、とかじゃないからね。うん、たぶん。

〈今日の乾杯〉〝今さらジロー〟で最近、塩麹にハマっておりまして。鶏モモ肉に塩麹と酒とショウガを揉みこんで焼くだけ。ちょっと乾燥バジルなんかかけちゃってね。ああ、無限ビールだわ。

雨ニモマケテ

キャンプに行く度に思う、自分の天気運のなさ。今のところ、雨が降らなかった事は一度もない。あ、一度だけあったけど、その時は氷点下15度超えで、雪と言うか氷が降っていた。実はこの秋、2回もキャンプ予定があったのですが、どちらも〝ちゃんと〟悪天候でした。私の一番のキャンプ仲間のムーさんこと森三中・村上。ある時、ムーさんと同じロケがなくなりまして。お互い同時に思ったんですよね。「キャンプ、行かないかな？」もう、ちょっとした両想いです。今回も二人でおばキャン。どこに行こうかいろいろ探していると〝1日1組〟のキャンプ場をいくつか発見。お、このご時世にいいじゃない。ただ元々は貸切パーティ的なキャンプ用の場所らしく、かなり広くお値段も高い。すると一カ所だけ明らかにお安い場所が。そこは山の中。林道を奥まで入っていったところにあるスペースを貸してくれるようで広さも二人でちょうどいい。管理の方もキャンプ前後に確認や整備には来るけど、受付もなく時間になったら勝手に入って、勝手にキャンプやって、勝手に片づけて帰るだけ。誰にも会わない。すごい。むしろ鹿やクマなど野生動物たちに遭遇する方が可能性大。ムーさんに相談すると二つ返事でＯＫ。すぐにネットでポチッと予約。人っ子一人いない山奥のキャンプ。わくわくが止まらない。

何度見てもしょうがないのはわかっていますが、キャンプの1週間前から週間天気予報を、前日には1時間おきの予報を幾度となくチェック。でもね、いつもの事だけどさ、一度も太陽のマークが出てこない。朝から曇りで19時頃から雨。明け方まで降って6時からまた曇り。その予報はちゃんと当たり、当日しっかりとした曇り空の下、キャンプ場に向かいました。

いつも通りムーさんちにお迎え。ナビには自宅↓ムーさんち↓ホームセンター↓スーパー↓コンビニ↓キャンプ場をセット。基本食材は家から持っていきますが、今回は売店もないのでキャンプ場の近くで薪、炭、氷、水、ビール、〝着いてすぐに食せるコロッケ的なもの〟など足りないものを買いそろえる計画です。すると高速をおりた辺りから、道のあちこちに〝燻製〟と書かれたのぼりが。でもそれがどこにあるのかわからない。「通り過ぎちゃったかな」なんて諦めかけたその瞬間、急にお店の姿が。「あった！」自分が思っているより7、8倍大きな声が出てしまった。いろんな燻製が並んでいる中うちらが選んだのは、ミニ羊羹を一回り大きくしたくらいのサイズの燻製チーズ。味もいろいろあって、〝わさび〟入りと〝サラミ〟入りをチョイス。お店のお姉さんによるとそのままでもいいし、焼いてもよし、と。想像するだけでニヤニヤ。そんな寄り道をしたのと、スーパーで〝着いてすぐに食せるコロッケ的なもの〟以外に、横で売っていたネギトロ巻も購入したことも追記。

さあ、いざキャンプ場へ。と思ったら迷ってしまった。（携帯の地図で示している）道も無ェ、（電話して聞きたいけど受付がないから）電話も無ェ、おばさん二人でぐーるぐる、です。「俺ら東京さ行ぐだ」状態です。山は難しい。結局ほっそい〝林道入口〟を発見するまでに15分。「いやぁ、これはわかんないよ」なんて言いながら、山の奥へ入っていく。本当に誰もいない。周りには小さな花が咲いていて、見下ろすと川が流れている。遠くでバイクの音がたまにするけど、あとは自然の音のみ。木々で覆われているからか地面も空気もしっとりしている。無事、到着。

今回の誤算は車の乗り入れができなかった事。HPには書いてあったんですけどねぇ。ちゃんと読まない自分が悪い。サイトが階段を数段上がったところにあった為、えっちらおっちら二人で荷物を車から降ろして地面に並べる。いつもの〝おばキャン〟だとここで椅子と机だけ準備して一回飲みだすのですが、自然溢るる土の上に荷物を置いておくのもイヤだったので、ここは「やっちまおう！」と二人でテントを……あ、嘘です。まず缶ビールで乾杯して一口飲んでからテントを張り、基地を整えた。

時刻は13時過ぎ。早々と晩酌タイムスタートです。天気予報も〝19時から小雨〟のままなのでまだまだ余裕。ムーさんが作ってきてくれた豚串をあぶりながら、キュウリの浅漬けでグビリ。さっき買った燻製チーズも焼く。火を見ながらの豊かな時間。すると16時過ぎ、急に肌に水滴が。そうです、雨が降り始めたのです。天気予報は再確認してもまだ19時からと書いてあるのに。しかも小雨どころか本気の雨。元々しっとりした土だったのもあってどんどんぬかるんでいく。屋根はあるのに、土が水を運んでくる。靴、泥まみれ。椅子、沈む。さらには逃げ遅れた虫たちがウチのテントの屋根の下に逃げ込んでくる。一番キツかったのがカマドウマ。ナウシカだったらもっと優しく話しかけたりできたでしょうに、本当に昆虫苦手な私。特にカマドウマの足の長さや形状など、最もダメな部類。それが大中小、いろんなサイズのヤツが私の荷物のあちこちにとまっている。オーマイガッ。焚火もだんだん大雨で弱ってきて21時。街灯もない本当に真っ暗な山の中で、私たちは眠りについた。

朝、雨はやんだけど地面はべっちゃべっちゃ。泥だらけになったテントなどそこで洗うわけにもいかず、そのまま大きな袋に入れて帰宅。悲劇はそこでも続く。いつものようにお風呂場でキレイに、と思ったけれど本気の泥はなかなか落ちず。しかも排水溝に溜まっちゃうので四苦八苦していたら、あれ？　なんか動いてる？　……カマドウマ。そうです、一匹紛れ込んでいたのです。こちとら自分のボディも洗いつつ、だったので素っ裸でやっていましたが、静かにお風呂から出て扉を閉め、そのまましばらく呆然。ああでも、なんか、ごめんね。あ、そろそろお時間。次回は〝風ニモマケテ〟編。またお付き合いいただければこれ幸い。

〈今日の乾杯〉キャンプの時、ムーさんが持ってきてくれた大きいシイタケ。シンプルに焼いて、オリーブオイル、七味、酢橘をかけていただきます。ああ、うま味って宝だね。お供は白ワインです。

風ニモマケテ

先日、大久保佳代子宅でご飯していた時のこと。大久保さんが突然「ねえ、キャンプ行きたいね。」以前書きましたが昨年夏、キャンプロケで自分の奥底に眠っていた〝焚火好き〟が目覚めた私。そんな時、あまりアウトドアなイメージのなかった大久保さんが「キャンプに行きたい！」と。もちろん愛犬パコ美も連れて行きたいから、二人＋ワンコが泊まれるサイズのテントを買ったのが私のキャンプ歴のスタート。でもなかなか予定が合わず、気づけば私は違う人とばっかりキャンプしておりました。それが約1年ぶりの佳代子さんからの〝キャンプ行きたい〟。このチャンスを逃すまい、と私はすぐ自分が1泊行けそうな日を大久保さんに提言。すると、もう奇跡です。大久保さんもＯＫ。いつか行けたらいいな、と見つけておいたドッグラン付きサイトがあるキャンプ場の空き情報も確認。空いている。となるとお次はお天気。すぐ調べました。……うん、雨です。まあでも私、雨キャンプは慣れておりますから。それくらいじゃビクともしないんですけどね。ただ普通の雨じゃなかったんです。台風。しかもだいぶ大型の。さすがにそれだと設営・撤収が大変以前に、そもそも危ない。でも台風は予想経路から外れる事も多いからキャンプ前日の昼まで結論を待ってみることにした。

毎日見る天気予報はまさかのどんどん悪化。タイムリミットの〝前日昼〟にはニュースで注意を呼び掛けるほどのものに。ということで泣く泣く中止を決めました。すると夜、大久保さんからＬＩＮＥが。「せっかくだから、なんかします？」〝ニヤリ〟な絵文字とともに。確かに。「お！　じゃあ明るいうちから飲みますか？」私の考えなんてそんなもんです。大久保さんはもう何枚も上手でした。「都内の犬ＯＫな宿とか調べちゃってる。どう？」おお！　泊り！　都内で泊り！　前にマツコさんが番組でたまにそういう事してゆっくりする、なんてお話をされていて、一度はしてみたい事の一つだった〝東京泊〟！　それにコロナ禍になってから、毎年楽しみにしているお正月旅行や、何故か紛れ込む大久保家の夏休み家族旅行など、とにかく旅行していない。〝キャンプに行けないガッカリ〟があっという間に吹っ飛んだ。

これまた速攻調べ出す。せっかくだから、と〝いい〟ホテルを見てみると結構〝ワンコＯＫルーム〟がある。いくつかリストを出すと、大久保セレクトがホテル椿山荘。実は私も小さい頃、母方の祖父母に夏、椿山荘に蛍鑑賞や盆踊りしに連れて行ってもらった事がある。ただもちろん泊まったことなどなく、お値段を見ると相当高い。かなりのお高級。迷いましたが、そんなわけで旅行もずいぶん行っていない。おそらく今度のお正月旅行も無理だろう。

それに二人の予定がこんな風に合う事なんて滅多にない。ただもう当日朝になっていたので無理なら諦めよう、という事に。ホテルに電話をかけてみた。「あのぉ、ダメ元で。今夜ワンコと泊まれるツインのお部屋って空いてないでしょうか？」するとなんと一部屋だけ〝ワンコOKツイン〟が空いていた。聞くとワンコ宿泊代も必要。でもその分お部屋では自由にしていいし、ちゃんとゲージや器、おしっこ用シートなどの揃えも完璧。さらには空いていたらドッグランも1時間利用可能。そんなこんなで私たちは、東京のど真ん中へ旅行する事になった。

貧乏性の私たちは1分でも無駄にするもんか、とチェックイン時刻きっかりの15時にホテル着。ホテルのお姉さんが「お部屋にご案内します」とワンコバッグに入ったパコ美を金色のカートに載せてお部屋へ。お部屋はとても素敵で窓からは椿山荘のお庭が一望。早速パコをバッグから出すと、「今日の私のお部屋はここ」と言わんばかりに一目散にシートを見つけオシッコした。パコを見て「よくテレビで拝見しております」とお姉さん。大久保さんが「ありがとうございます。でもテレビで見るより丸いでしょう？」と言うと〝イエス〟でも〝ノー〟でもない優しい微笑みをする。ああ、一流ホテルの対応。ちょっとだけドッグランで遊び、さっさとシャワーも浴び、夕方から早々と飲む準備を整えた。

今回は贅沢三昧。パコもいるし、食事はルームサービスでとる事に。ドッグランに行く前にメニューを吟味し、今夜の〝おつまみ〟たちはセレクト済み。二人がシャワー浴びて支度する時間を計算して電話で注文。いい時に乾杯のビールが来る算段をつけた。でもワクワクしまくっていたんでしょうね。2番目の私がお風呂から出て髪の毛も乾かし準備万端になった時、お食事をお願いした時間の20分も前だった。ソワソワとビールを待つ事20分。部屋のチャイムが鳴る。ピンポーン。待ってました、と言わんばかりにドアを開ける。ワゴンに載ったごちそうたち。スモークサーモン、生ハムサラダ、シーフードグラタン。そしてお待ちかねの生ビール到着。そもそも外食もしていなかったから生ビールなんていつぶりだろう。いろんな感動が溢れまくった最初の乾杯。くぅぅ、美味しい。沁みるとはこのことだ。窓の向きにテーブルと椅子を並べ、庭を堪能しながらいただくホテル飯。東京のど真ん中にいるはずなのに、とにかくお庭が素敵で、さらには演出で1時間に何度か人工的な雲海が広がるもんですから、本当に遠くに旅しに来た気分。そしてパコがそばに来るから撫でたり抱っこしたりしながら、また、飲む。なにこれ。贅沢にもほどがある。本当に優雅なひと時。ですがやはり慣れない事は出来ないもので、しばらくして気づいたら、素敵なお庭の見える素敵な椅子から降り、床に座ってパコとじゃれながら飲んでいた。「どうだ？　この器、椿山荘のだぞ。わかるか？」とパコが水を飲む度に言う私。完全に〝昭和の成金おじさん〟です。ごめんね、パコ。

そんなこんなで急遽ものすごい贅沢な時間を過ごした私たち。最高でした。ただ……大久保さんとキャンプ行く日は、いつか本当に来るのかなぁ？

〈今日の乾杯〉椿山荘のシーフードグラタン。ザ・ホテル感。外食も本当に久しぶりで、グラタン皿がアツアツなのが嬉しい。グラタンが美味しいのはもちろんの事、周りのマッシュポテト。結局、最高。ビール↓ワインです。

晴レナノニマケタ

雨ニモマケテ、風ニモマケテ、と続いたキャンプのお話の締めくくりは〝晴レナノニマケタ〟です。ええ、また、負けました。晴れたのに。

先日、小中高の同級生〝おか〟と二人でキャンプに行ってきました。今回は以前イモトが行って「とてもよかったですよー」と言っていたキャンプ場。富士山の眺望が売りで、特によく見えるという区画が3つある。ただそこはいつネットで見てもだいぶ先まで埋まっている人気ぶり。それがふとホームページを見た時、私が行きたい日ジャストで空きを1つ発見。もちろん即予約。富士山、夕暮れ、焚火、星空、お酒。ああ、なんと豊かだろう。想像するだけでニヤニヤが止まらない私。ただ、しばらくしてふと気づきます。「あれ？ 私、ソロキャンプ？」一緒に行く人をまだ見つけていない。今までは必ず誰かと二人キャンプ。やはり夜飲む時は「美味しいねぇ」とかだけでいいので誰かと話したい。いや、ここまで来たら一人で行くってぇのもやってみてはどうだろう。んー、よし。賭けだ。友達に連絡してみてダメだったら、一人で行く。ずっと飲もうと話していた〝おか〟に連絡した。

「急なのでダメ元で。富士山の麓でキャンプしない？」

するとしばらくして返信が。

「半休と翌日お休み取れました！　在宅でお昼12時まで働いて出発でいい？」

こうして今回は〝おか〟と行く事になりました。

となるとまず恒例の天気予報チェック。何度か書いてまいりましたが、私は雨の降らないキャンプは知らない。それがとうとう、曇りのち晴れ。おお。〝晴れ〟の文字が。素晴らしい。しかも日にちが近づいていっても雨予報は出ず、曇りのち晴れのまま当日を迎えた。

12時の仕事終わりを待つべく、ちょっと早めに車で〝おか〟の家の前へ。なんだか小学生の頃の「おーかー！　学校行こぉー！」みたいな気分。12時。椅子と寝袋を抱えて〝おか〟登場。車の中では昔話に花が……咲かず、子供の学校の話、体の調子、将来の話。うん、私たち、大人になったたね。

2時間弱かけてキャンプ場に到着。私たちはその富士山がよく見える3区画の真ん中。早速テント張って、寝床も整え、椅子とテーブルを並べちまえばこっちのもん。あとは、飲む、のみ。よっこらせと腰をおろし、持ち寄ったおつまみを並べて缶ビールで乾杯。時々雲が切れて、富士山が顔を出す。なんだろね、富士山って。なんか気持ちが上がる。日が暮れだすと、時々見えるその富士山、の一部のシルエットやポツポツ点き始めた裾野の町の明かりを静かに眺めるという何とも優雅な時間。夜には雲もだいぶ減り、月が顔を出す。半月よりちょっとぷっくりした月。〝月灯り青い岬にママの眼をぬすんで来たわ〟なんて聖子ちゃんが言っていたけど、いや、盗めない。それくらい明るい。

今回、うちらの隣のサイトは男女2：2のグループ。30代美女二人と、ちょっとオラ系の男性二人。まあ四人だとそうなるのかな。一言で言うと、んー、うるさい。大きな声でキャッキャはしゃいでいる。更にはウクレレ持ってきていて。まあウクレレも上手かったら「BGMラッキー！」なんですけどね。延々と続く音合わせ。ソードーミーラー。ソードーミーラー。ううう。まあでも、いい。楽しいんですものね。みんなでキャンプ来てさ。周りからも家族の声もするし。子どもの笑ったり泣いたりする声も聞こえてきて。あちこちで幸せが溢れている感じ。うん、いい。一方逆隣の方はもう上級者。女性お一人。ほぼ同時刻に着いたその方は、慣れた手つきで一人黙々と準備をしていた。テントとタープを張って、椅子を置き、ランタンもいくつかぶらさげて。お隣さんなんでちょっと見えちゃう。っていうか見ちゃっています。ええ、すいません。だって本当にテントの中もかわいくて、キレイな柄の毛布をシーツにしてる、みたいな。一つ一つがオシャレでこだわりが詰まっていて本当に素敵。彼女は静かに椅子に座って目の前の夜景を焚火越しに眺めていた。いつか私もあんなキャンプしてみたい。そして21時過ぎ、念願の、晴れ。月と逆の空には無数の星が。51歳の首は空を見上げるにはなかなかキツイはずですが、そんな事も忘れて星座早見盤見ながら「あれは何座か」なんて夢中で星を楽しんだ。

そんなこんなで22時。消灯・消音時間です。焚火も消して、歯磨き・トイレも済ませ、星空におやすみなさいしてテントの中へ。おそらくこのままなら朝の富士山は相当美しい予感。日の出の時間を調べると5時51分。目覚ましを5時半にかけて、明けていく富士山を見ることにした。さあここからは静寂な世界……のはずだった。どこのテントもルールを守って静かに眠りについている。一つのテントを除いて。そうです、隣の4人組です。そいつらだけウクレレ弾いたり、音楽かけたり。そして何より響く声。「UNO!」UNOじゃねえ。きっと苦情が出ているんでしょう。何回もキャンプ場の方が注意に来て、その度に一瞬は静かになる。でもホントに一瞬。舌の根も乾かぬうちに「大貧民やろう!」男がかっこつけて(声しか聞いてないからイメージですが)「大貧民と大富豪ってあるじゃん。あれ同じなんだぜ。」どうでもいい。その状態が何時間も続き、夜中1時。今度はみんなで外出てきて「わあ!　星がきれい!」知っている。こちらは22時前に見ました。結局その騒ぎ、2時になってやっとおさまった。うう。これじゃもう絶対5時半に起きれないじゃないの。このばっきゃろめが。くぅぅ。

ただ年齢は素晴らしい。5時前に目が覚める。起きた時、富士山は♪あたまを雲の上に出し、状態。日の出とともにどんどんモヤや雲も晴れてきて、山全体や裾野の町も見えてくる。

これぞ〝朝〟と言う、静かなのにエネルギー溢るる世界。ああ、初めての晴れキャンプ。夜はちょっと〝マケタ〟けど、これだけ力強い朝日浴びれたんだから結果〝カッタ〟だな。ええ、最高でした。よし、次は憧れの逆隣さんみたいに一人キャンプ、やってみようかな。もちろん、晴れた日に。

〈今日の乾杯〉私のキャンプの定番おつまみ。ハムと長ネギのアヒージョ。ハムが旨味も塩気も出してくれるから味付けいらず。火の通った長ネギも甘くて最高。ニンニク・鷹の爪もたっぷり入れれば、ビール、進んじゃうよね。

情熱大陸

情熱大陸、上陸してまいりました。そうです。葉加瀬太郎さんのコンサートに行ってきたのです。

以前書いた事がありますが、ある夏の日、朝からがっつりカレーを食べながら朝のワイドショーを観ていた時の事。〝葉加瀬太郎サマーフェス〟の映像が流れてきて。汗だくの葉加瀬さんが「ワン！　ツー！　スリー！」と力強くカウント。そしてあの「情熱大陸」を演奏し始めたのです。そのイントロの♪チャチャチャ〜ラッチャ〜を聞いたとたん、突然ブワーッと涙が溢れてきて。もう大号泣。自分でも意味はわからないんです。でもなんか、心にドーンと来たんですよね。そこからアルバム買って車の中とかで葉加瀬さんの曲をよく聞くようになりました。

それが先日、とある番組の収録に行った時の事。私はその番組の二本目に出演。楽屋に入って机の上に置いてある台本を見ると、その時まさに収録中だった一本目のゲストに葉加瀬さんのお名前が。急いでテレビをつけ、スタジオが映るチャンネルを探す。すべての番組ではないですが、マネージャーさんが収録を確認できるよう、モニターとして楽屋のテレビにスタジオが映る事があるのです。ガチャガチャガチャ。テレビのチャンネルを〝まわす〟時代じゃなくなっても、脳内で鳴っている音はガチャガチャガチャ。ものすごいスピードでチャンネルを変えてゆく。♪ファ〜。この表現で合っているのかわからないですが、急に聞こえてきたバイオリンの音色。発見。

番組は葉加瀬さんの今までの人生を振り返っている。特にセリーヌ・ディオンのワールドツアーの映像が凄かった。あの名曲「To Love You More」で3年くらいツアーに同行されていたそうで、その中の1997年アメリカ・メンフィスでのライブ。セリーヌは「私はラッキーよね。世界をまわっていると素晴らしい人々と出会える。何年か前、日本で特別なアーティストに会ったの。彼と一緒に曲をリリースしたら12週連続1位。ビックリでしょ？」と言い、葉加瀬さんを呼び込む。「フロムジャパン。ミスター・タロー・ハカセ！」大歓声の中、29歳の葉加瀬さん登場。そして演奏するのですが、最後のサビのところ。セリーヌが力強く「♪アイルビー！」と歌うと一瞬、すべての音が止まる。そして葉加瀬さんと息を合わせて「♪ウエ〜イティンフォユゥウ〜」と再び歌い始める。セリーヌの力強い歌声と熱い歌い方。それに負けじと体全体で演奏する葉加瀬さん。それが合わさった「♪ウェ〜イティン」はあまりにもエネルギーが溢れまくっていて、またです。号泣。心にドーン、で号泣in楽屋。すげぇよー!!　すげぇ!!　私は思いました。生で観たい。もう〝聞きたい〟、を超えて、〝観たい〞。その生の演奏の迫力はとてつもないに違いない。そんなことを考えている時、ふとMCの方の声が。「それでは最後に葉加瀬さんからお知らせです。」え？　お知らせ？　すると〝葉加瀬太郎コンサートツアー2021 SONGBOOK〞の告知が。「ぜひコンサート会場に遊びに来てください！」と笑顔の葉加瀬さん。わー！　なんというタイミング。すぐに携帯でツアーの日時や空席情報を調べる。自分の手帳と照らし合わせ、行ける日、発見。即座にチケット購入手続きをする。よく自分が出演中の生放送ですごくいい商品が紹介されているのを観て、終わった後に検索してももう売り切れている、なんて事は多々ありましたが、今回はその逆。誰よりも早く告知を聞き、買う事が出来ました。ってもちろんファンの方や、他の番組の告知でもっとずっと早くチケットを手にした方はごまんといるのはわかっておりますが。なんかすごく得した気分。

コンサート当日。服装、どうしよう。葉加瀬さんのコンサートだとやはりワンピースなど正装で行くべきか。それともノリノリの曲も多いしカジュアルでいいのか。まったくわからず携帯で「葉加瀬太郎」「コンサート」「ドレスコード」で検索。すると結構皆様普段着で行かれているご様子。しかも今はコロナ禍なのでダメなようですが、いつもだと名曲「情熱大陸」の時、〝はかせんす〞なる葉加瀬太郎グッズの扇子を持って、ジュリアナ東京のように皆さん舞い踊るようで。いろいろ考えて私はGパンに白シャツにヒール、と言う〝90年代ドラマのイイ女〟スタイルで行く事にした。

会場は渋谷・Bunkamura オーチャードホール。座席は〝2階 L1列 1番〟。初めて行くので〝L〟がよくわかりませんが、とにかく2階1列目の端っこだ。会場の案内板を観ながら自分の座席を探す。すると〝L〟が解明。LEFTの〝L〟。要は2階席が、〝コ〟の字を右に倒した形、と言うか。漢字の〝山〟の字の真ん中の線を取った形、と言うか。普通の2階席の両側に、壁に沿って舞台の方まで座席があるんです。私はその〝左側〟の〝1〟の席。それはなんと2階席としては舞台（下手側）に一番近いお席。ただ今回のコンサートは葉加瀬さん含めて10人のバンド。私の席からはセットの陰になってしまい、下手の3人の方のお姿が見えなかったのは残念でしたが、センターの葉加瀬さんは表情がはっきり見えるくらいとても近い。だから見入りすぎちゃったんですかね。気づいたら葉加瀬さんの弓の動きに合わせて自分の体も動きまくり。葉加瀬さんが弓を引けば体が右へ、弓を向こうに押せば左へ。細かく速くフィロフィロフィロフィロ（擬音が難しい）と弾く時には同じスピードで左右にブルブルブルブル。私の座席は後ろが壁だったのでよかったものの、後ろに誰かいたら申し訳ない。でも、うん。無理です。葉加瀬太郎をジッとして聞くのは。時に優しく、時に激しく。名曲、名演奏の数々。そしてMCのなんと面白い事か。最後は会場総立ちで盛り上がり、最高すぎる時間は幕を閉じました。ああ、もうサービス精神の塊。素晴らしかった。生の音楽をこれでもかと全身で浴びた私。十二分の充電ができました。よし、この蓄電されたパワーで年末まで頑張るといたしましょかね。そして次回コンサートを観に行く時は、〝はかせんす〟振り回して踊れる世の中になっていますように。

〈今日の乾杯〉外食の写真を載せるのはいつぶりだろう。大久保さんと超久しぶりに行った、近所の小さなお寿司屋さん。おつまみで出していただいた焼き白子。泣けてくるくらい感動して、しっかり味わいました。変わらないはずなのに、人に出してもらった瓶ビールも、なんだか凄く美味しく感じた。ああ、ありがたい。

ロケにて

最近、年末年始の特番もあって地方へロケに行く事がとても多い。なかなかロケに行けない時期もあったので、もちろんまだまだ気をつけなくてはいけない事も多々ありますが、そして私の場合、ロケに行ったら行ったでハードチャレンジが待っている事もこれまた多々ありますが、何はともあれありがたい、と改めて感じる今日この頃でございます。

そんな久しぶりのロケ三昧の日々の中、旅先で私の心を揺さぶるものが3つあることに気づきました。それは〝墓〟〝立て看板〟〝道の駅〟。あ、地元のお酒&食べ物は〝言わずもがな〟なので省略。この〝墓〟〝立て看板〟〝道の駅〟の3つを見ると、ドキドキしてくる自分がいるのです。

まずは〝墓〟。昔はやっぱりちょっと怖い場所と言うか。まあ肝試しの会場とかになっていましたからね。超がつくほど怖がりな私にとって、身内のお墓は別ですが基本、苦手な場所でした。それが何年か前に新宿のど真ん中にある室内のお墓にロケに行きまして。とても近代的なお墓でいくつかお部屋があって。それぞれ石の色などで雰囲気を変えていて、その日の気分で好きなお部屋に行く。専用のカードキーを差し込み、しばらく待っていると扉が開いて自分の家のお墓が出てくるシステム。正直、最初は抵抗がありました。なんか軽い、と言うか。上手に言えないのですが漠然と「なんか、やだ」と。でも実際お参りにいらしていた方からお話を伺う事が出来まして。その方曰く、仕事や買い物の帰りにしょっちゅう寄ってはお墓の中のお母さまといろんな話が出来ていいとの事。ハッとしました。なんとなく遠くから〝わざわざ〟お墓に行く事が、より思いの強い行動の気がしていて。もちろんそういう面もあると思いますが、昔は自分の村に先祖のお墓があって。毎日立ち寄っては「こんな事があった」「あんな事があった」を話して「また明日来るね」と帰る。そんな寄り添ったものだったたな、と。そう思ってからと言うもの、ロケで行った町や村で昔からあるようなお墓を見てしまう。田んぼの真ん中や山の陽当たりのいい斜面、海を望む丘の上など。そこで〝今〟住んでいる人と〝昔〟住んでいた人が繋がっているような気がして。まったく知らないそこの歴史を垣間見た感じがたまらないのです。

お次は〝立て看板〟。名所に行くとあるその場所の歴史や謂れが書かれている看板。時間が許すなら絶対読む。学生時代、社会科が超出来なかった私が読んでもどうせ一個も覚えないし、なんなら読んでるそばから忘れていっている、と言っても過言ではない。それでも〝そこで生きていた（生きている）〟人や木や物に思いを馳せるのがいい。他にも立て看板ではないですが、地面や石碑に書かれた〝あっちの方向・京都〟〝こっちの方向・アメリカ〟

みたいな矢印や、展望台などにある前方に見えている山や半島などの名前が記された図など。その遠いどこかで生きている人とか想像するだけでドキドキしてくる。まあ、お墓にしろ看板にしろ、完全に〝空想〟ですよね。〝空想力〟がちょっと強めな51歳。それがいいのか悪いのか、よくわかりませんが。

そしてラスト。〝道の駅〟。先日、O.A.されました「世界の果てまでイッテQ!」の『道の駅同好会』をご覧になった方はおわかりになると思いますが、〝温泉同好会〟の〝トニセン〟(年長者チーム)は〝道の駅〟が大好き。クロスカントリースキーヤーが雪のない時期にやるトレーニングのローラースキーやアルパカとの競争など、普段ならやりたくないようなものも鼻先に〝道の駅〟をぶら下げられ信じられないほどの積極性を見せた私たち。だってローラースキーなんて下りで止まる術がないんですよ? 見た目は傾斜がきつくない坂も、坂は坂。転んだり、どこかに激突したりする可能性があるからめちゃくちゃ怖い。アルパカもとても可愛いけれど、やはり体の大きな動物が集団で後ろから追いかけてきたらこれまたとても怖い。でもそれを乗り越えれば、そこに〝道の駅〟があるから。元々約10年前、中京テレビ「PS」という番組で『東海3県 道の駅完全制覇の旅』と題して2年以上かけて80カ所近い東海3県の〝道の駅〟を巡った。私にとってその体験がとても大きく、それ以来〝道の駅〟を見かけると今まで以上に引き寄せられてしまう。だってそれぞれの場所にその土地のものがあり、そこに住む人がいて。同じ駅が1つとしてないんです。これまた〝空想〟になりますが、その野菜などに貼られたシールに生産者のお名前が書かれてるのがなにせたまらない。「おいくつくらいの方なんだろう？」「どんな場所で収穫を？」「家族は何人？　そして何世代いるのかな？」そんな事を想像しながら、その県の、あればその町のものを買っていく。「イッテＱ！」の時なんてテンション上がりすぎて、とにかく買いすぎた。キャベツ、大根、長ネギ、セロリ、キノコ類、卵、洋ナシ、長野だったので八幡屋儀五郎の唐辛子入りのチーズなどなど。温泉同好会のおっかさんでありますスタッフの杉原さんの地元が長野だったのでお勧め聞いていたら余計に、ね。大島ちゃんや奴ちゃんは配送していましたが、一人暮らしの私は自宅に送ってもなかなか生鮮食品を受け取れないため、手で持って帰る事に。帰りの新幹線では誰もロケ帰りだとは思わない、大きい袋をぶら下げて〝仕入れで長野に行った人〟感を出しまくりで帰京いたしました。「あなたにとって、道の駅とは？」の質問に大島ちゃんが「道の駅の数ほど無数にある我がふるさと」と答え、オカリナが「先輩の狂気が垣間見える場所」と答えた〝道の駅〟。私の答えは「その商品の向こう側にある人々の生活を見せてくれる映画館」。自分で何を言っているのかよくわかりませんが、とにかく大好きな場所なのです。

ああ。書いているうちにどんどん〝旅〟欲が膨らんでいく。今度、どこか〝墓〟〝立て看板〟〝道の駅〟が全部あるとこ探して、いっぺんに楽しむ、なんて贅沢。してみたいなぁ。

〈今日の乾杯〉出前で「餃子の王将」のニラレバ炒め。基本餃子ばっかり頼むのですが、時々やたらとこれが食べたくなる。相方はビール。お皿のカバも大口開けて一緒に食べている感じ。

シン・ヨワミオバサン2021

「君は強いから大丈夫だよ」なんて
そんなこと言われたら 弱さ見せられない

岡本真夜さんの「Alone」で始まりました2021年ラスト。ちなみに強いか弱いかと聞かれたら私は強めの方かな、と思う。昔から漫画やドラマで見られるこの歌詞のような状況にもしなったとしても、おそらく「ああ、そうですか」とか「きれいごと言いやがって」とか。悲しさとともに怒りに近い感情も出てきて、逆に冷めてしまうと言うか。まあそれが自分なりの防御方法なのかもですが。森三中・黒ちゃんを始め、いろんな人によくこう言われます。「弱みを見せないよね。もっと頼っていいんだよ。」いやね、私としては超頼っているんです。確かに実質的な「○○してください」とかの頼み事系は苦手。でも精神的にはその友達の存在そのものに安心感を得ているし、いろんな話も聞いてもらっている。どれだけ助けてもらっているかわからない。

そしていとうあさこ51歳。〝実質的〟にも助けてもらう事がちゃんと増えてまいりました。これは数年前からですが、「ココが痛い」「こっちも痛い」の箇所がどんどん多くなってきて。これが一人暮らしの悲しさなんですが、一人で〝湿布を貼る〟のミッションはなかなかクリアできない。腕とか腿とかならなんとかいけますが、最近の患部は腰、肩、肩甲骨、尻の脇など、元々自分で触りにくい、プラスどっちみち痛いから動きにくい、で完全アウトになるわけです。そこで頼みの綱となるのが私のスタイリスト・マリちゃん。収録で着替えるたんびに「今日は貼らなくて大丈夫ですか？」と聞いてくれるほどしょっちゅう湿布を貼ってもらっている。湿布だけでなく、筋肉痛も含め体のどこかを痛めている時はほぼお人形の着せ替え状態。ズボンやシャツを完全にマリちゃんの力で着せてもらう事が何度もある。その為、彼女が実際おじい様の介護でお着がえを手伝った時、「マリは着せるのが本当にうまいねぇ」と褒められたそう。マリちゃん、なんか、ごめんね。そして、ありがとう。

　そしてそれは大久保さんにも及びまして。ちょっと前、一緒にロケに行った時の事。温泉のシーンがありましてね。撮影だとどうしても長めに入る事が多いのですが、そうするとお尻のテープがとれてしまう。あ、お尻のテープとは、夏にやったお尻の粉瘤を切除する手術。もちろんとっくに抜糸も終わって、傷口はふさがっているのですが、やはり場所が場所だけに擦れやすいので、紙のテープみたいなのを常に貼っておかねばならず。普段貼り直す時は自分ではまったく見えない部分なので、なかなか恥ずかしいスタイルとなりますが床に鏡を置き、下から傷口を映し、お股の前と後ろから手を伸ばしてなんとか貼っております。で今回、温泉ではがれてしまったので再度貼らなくてはいけないのですが、いつものやり方を大久保さんの前でやるわけにもいかず。勇気を出して大久保さんにお願いしてみました。「大久保さん！　本当に本当にお見苦しくて申し訳ないのですが……そして本当に不快な気持ちになったら申し訳ないのですが……尻にテープを……尻にテープを貼ってください！」「……どこ？」大久保さーん!!　患部がお尻の割れ目のすぐ横、と言う本当に申し訳ない部分だったのに、大久保さんは「これでいい？」とスッとテープを貼ってくださった。ありがてぇ。ありがてぇ過ぎる。後日「あの時あんた、できるだけ見苦しくないように尻をキュッと締めてたでしょ？」と大久保さん。確かにお尻の穴まで見せる事はない、とできるだけお尻を締めていた。「さすがあんた、育ちがいいわ」と謎のお褒めまで頂戴しました。持つべきものは友、です。はい。

そして先日、ものまね芸人のみはる、ちょっとだけ帰国中の光浦さん、ボルサリーノ関さんと私のおばさん4人で話していた時の事。Netflix「浅草キッド」の話になりまして。最初に〝今のたけしさん〟が出てくるんですが「最初はご本人かと思わなかった？」と。そこで私。「そうそう！　でもやっぱり違うかなって思って、そっくりさん？　って思って。もぉ、ビトイサオさんかと思ったよぉ。」一瞬の静けさ。自分でも何か口に違和感が。「は！　違う！　ビトタケシさんだ！」大爆笑。そこに責めたりバカにする人はいない。ただ4人、笑う。だって忘れたり言い間違えたりする事なんて日常茶飯事。むしろ正解を思い出せた事を褒めてくれた。なんか、平和でいい。

　そんなこんなでずいぶん助けられているんです、私。結局弱みだらけ。自分で書いておきながら、若干将来大丈夫か？　とも思う。とは言えこの一年で強くなった部分だってもちろんあります。長年使っていたタバスコが気づいたらいつの間にかラベルが剝がれてなくなっていて、賞味期限がまったくわからなくなってしまいました。でもまあにおいや味がやばくなったら捨てればいいか、と使用続行を決めた。ウフフ、強いでしょう。え？　強さってこういう事じゃない？

　新しい事だっていろいろ知りました。以前ここにも書きましたが『全身に付いたトリモチはサラダ油で取れる』を始めとして『ユニクロで久しぶりにGパンを買ったら〝丈短め〟が〝あさこの長め〟だった』とか。今年この文章をまとめた文庫本がでましたが『文庫本の背表紙の色は自分で決められる』も。あの背表紙の作者名のところがいろんな色があるのは見ておりましたが、実際自分が文庫を出す時、「どの色がいいですか？」と色見本を送っていただきまして。その中から色を選ぶのがなんとも楽しい作業で。結局大好きなオレンジ色を選びました。あと『ほっぺたの裏を嚙んじゃうってよくあるけど、とうとう上唇の裏を嚙んだ』っつうのもありますが……もうこれは〝弱くなった〟の方か。

ま、とにもかくにも今年もたくさん弱くなったことも実感したし、小さいながらもアップデート、はかっこよすぎるか、新たな経験もたくさんしたし。それを優しく見守ってくださった皆々様、本当にありがとうございました。また来年もふんばります。少しでも明るい一年となりますように。よいお年を。

〈今日の乾杯〉広島・鞆の浦出身のスタッフさんから〝暮れのご挨拶〟で頂戴した練り物。冷蔵庫に残っていたお豆腐も入れておでんに。たっぷりと辛子をつけていただくがす天でビールがすすむ。もちろんこの後は日本酒へ。今年も一年お疲れ様でした!

あとがき

第3巻までまいりました。ありがたい事です、ホントに。今回は令和に突入した2019年5月の末から、2021年の終わりまでの2年半ちょっとの記録です。

この2年半の間には、本当にいろんな事がありました。やっぱり特に大きかったのはコロナのヤツですかね。この第3巻の最初の頃はまだまだ海外へロケでも旅行でも行っていて。24時間テレビで走った時だって沿道に本当にたくさんの方がいらして、皆さん大きな声で応援してくださったりしていた。それが2020年春くらいから本格的に生活が変化していった感じでしたよね。〝普通〟だった事が〝普通じゃない〟事になり。それが今度は〝普通〟になって。って言うか〝普通〟がもうよくわからない。本当に変化の時でした。

その間、悲しい事や悔しい事もたくさんあったけど、あえてよかった事を挙げるならば2週間に一度の〝伊藤家Zoom会議〟でしょうか。これは今でも続いているのですが、発起人の妹と両親、兄、私。時に姪っ子たちも入ってくれて制限時間の40分間、Zoomで話すんです。私の実家は東京で近いのもあって、どこか「いつでも会える」と思っていたんでしょうね。今までは新年会と両親の誕生日会（二人の誕生日が近いので一回にまとめて）。あとは私の誕生日に両親と飲むくらいで、そんなに家族で会ったり喋ったりしていなかった。それが仕事で参加できない事もたまにありますが2週間に一度、パソコンの前に家族で集まり話す。もしかしたら今までの人生で一番いろんな話をしているかもしれない。

ちなみにそんなZoomの事を母は〝200m〟と呼ぶ。Zoomを〝ZOOm〟って書いたらわかるかしら？〝ZOOm〟↓〝200m〟、です。これがうちの母ちゃんのセンス。ふふふ。

この先も世の中、何がどうなるのかわかりませんが、ただただ平和で心豊かな日々を願います。その祈りが届くよう、大きな声で今日もまた、乾杯！

いとうあさこ

本書は「幻冬舎ｐｌｕｓ」に連載された「あぁ、だから一人はいやなんだ。」（２０１９年５月～２０２１年12月）をまとめた文庫オリジナルです。

幻冬舎文庫

●好評既刊
容疑者は何も知らない
天野節子

夫が被疑者死亡のまま殺人罪で書類送検される。左遷されていたことも、借金を抱えていたことも、妻は知らなかった。なぜ、夫は死んだのか、本当に人を殺めたのか。妻が真相に迫るミステリー。

●好評既刊
アクション
捜査一課 刈谷杏奈の事件簿
榎本憲男

女装した男の首吊り死体が見つかった。趣味で映画製作と女優業に励む一課の杏奈は、捜査を担当。上層部は自殺に拘泥するが、死んだ男と、ある議員の繋がりを知り——。予測不能の刑事小説。

●好評既刊
猿神
太田忠司

猿の棲息記録の一切ないその地が、なぜ「猿神」と呼ばれたか、なぜ人が住まなかったのか、誰も知らなかった——。狂乱のバブル時代、自動車関連工場の絶望と恐怖を描いた傑作ホラー小説。

●好評既刊
オーシティ
負け犬探偵 羽田誠の憂鬱
木下半太

金と欲望の街「オーシティ」。ヘタレ探偵の羽田誠は、死神と呼ばれる刑事に脅迫される。〝耳〟を探せ。失敗したら死より怖い拷問が——。一体、その耳に何が⁉ 超高速クライムサスペンス！

●好評既刊
黄金の60代
郷ひろみ

約50年間、芸能シーンのトップを走り続けてきた稀代のスターは、67歳の今が最も充実していると言い、自らを「大器晩成」だと表現する。人生100年時代を、優雅に力強く生きるための58の人生訓。

あぁ、だから一人(ひとり)はいやなんだ。3

いとうあさこ

令和5年3月10日　初版発行
令和6年1月15日　2版発行

発行人——石原正康
編集人——高部真人
発行所——株式会社幻冬舎
〒151-0051東京都渋谷区千駄ヶ谷4-9-7
電話　03(5411)6222(営業)
　　　03(5411)6211(編集)
公式HP　https://www.gentosha.co.jp/

印刷・製本—株式会社　光邦
装丁者——高橋雅之

幻冬舎文庫

ISBN978-4-344-43276-5　C0195　い-67-3

この本に関するご意見・ご感想は、下記アンケートフォームからお寄せください。
https://www.gentosha.co.jp/e/